JN206433

青海民族大学民族学一流学科建設文庫

変わりゆく 青海チベット牧畜社会

——草原のフィールドワークから——

ナムタルジャ
南太加

はる書房

本書は、2016年度滋賀県立大学大学院人間文化学研究科地域
文化学専攻に提出された博士論文「青海チベットにおける牧畜
社会の変容に関する文化人類学的研究——中国青海省黄南チベ
ット族自治州を中心として」を基に、中国青海民族大学の助成
を得て「青海民族大学民族学一流学科建設文庫」の一冊として
刊行された。

第7章 考察と結論 127

第 1 章

序　論

1．研究目的

内陸アジアのチベット高原には、チベット民族が広く住んでいる。チベット人自身によるチベットの地方区分では、ウツァン（dbus gtsang）=「中央チベット」とカム（khams）=「東チベット」、アムド（a mdo）=「東北チベット」の３つに呼び分けている。それらは伝統的にチベット人の居住地区である。中国国内のチベット系民族は、現在中国のチベット自治区、青海省、甘粛省、四川省、雲南省に分布している。これらのチベット地域は、チベット世界の文化、宗教、経済、政治などの中心である。その中で多くのチベット民族が牧畜生活をしている。

本書が対象とする地域の青海省には、約137万のチベット人が暮らしている（青海省統計局 2011）。青海省のチベット社会が中華人民共和国の一部になる前には、レプコン12族とチェンザニヤエンス（黄南チベット族自治州）、ワンタク８族（海西モンゴル族チベット族自治州）、ゴロク３部（果落チベット族自治州）、ユシュル25族（玉樹チベット族自治州）などのたくさんの部族集団が存在し、「原始的」な封建制度の下で生活を送ってきた（陳 1998: 99-108）。その人口の多くは河谷地域の農耕地帯に集中し、そこでは牛・羊の多頭飼育と結びついた混合農業が行われている。それに比べ、牧畜業のみに従事する人々の数は少ない。しかし、青海省において放牧可能な牧畜地帯は全面積の96％を占める（張 2012）。このため、その広大な牧地的環境を土台に24の純牧畜県で、ヤク[1]、羊、ヤギ、馬が飼育され、特に前３者の乳、肉、毛、皮、畜糞すべてを利用する生活様式が広く普及している（地図１参照）。

青海省では、1949年の中華人民共和国成立後、50年に人民解放軍が進駐し、1958年に毛沢東国家主席の主導下で人民公社が

地図1　中国青海省の位置

　組織され、農牧業の集団化と土地所有制の改革（「民主改革」）が急速に進められた。これに伴って民間では階級闘争が激化し、僧院での宗教活動なども実質的に機能停止に陥るに至った。こうした急激な社会変化に対し、チベット民族の反乱が起きたが、中国政府は大規模な掃討作戦を展開してこれを武力で平定した。

　改革・開放後の1990年代後半から、長江下流域で河川災害などの自然災害が頻繁に発生するようになった。中国政府はその原因として「三江源」[2] 地域の環境破壊を挙げ、特に牧民による過放牧を問題とした。そして、環境保護を目的として「三江源」の水源地帯のチベット人牧畜地域を三江源自然保護区[3] とし、ここに2004年から「退牧還草」[4] や「生態移民」[5] などの政策を実施し、2009年からさらに牧民に対する定住化政策を実施した[6]。この政策によって各地方の町などに「生態移民村（以下、「移民村」)」や定住村を設置し、相次いで政策対象となっ

た牧民を移住させた（ナムタルジャ 2015: 260-261）。これら一連の牧民向け政策は単に環境保護という目的だけではなく、地方政府が進める工業化のプロジェクトや天然資源開発との関係も指摘されており、環境保護を名目とした定住化プロジェクトは、牧民たちの生活様式を強制的に放棄させる開発の一つである（Manderscheid 2002: 270）。このように全体としてみれば、中国の高度経済成長や少数民族に対する政策によって、チベット人地域は大きな変化の時期を迎えている。

　本書は、青海省の「三江源」（長江・黄河・メコン川の水源地帯）地方のチベット牧畜社会におけるフィールドワークに基づき、チベット牧畜社会における社会変容を浮き彫りにしようとする試みである。そのために、中華人民共和国が少数民族に対してとっている政策や社会的枠組みの中でチベット牧畜文化はどのように変容してきたかを検討することを課題とする。したがって本書の目的は、チベットの伝統的な暮らし方がどのように変容したかを明らかにするものであるとともに、これからのチベット牧畜社会の研究に新たな資料を提供し、いまだ実証的なデータの少ないチベット牧民の研究を前へ進めることにある。

2．先行研究

　チベット社会の牧畜に関する学術書としては、松原正毅の『青蔵紀行──揚子江源流域をゆく』（松原 1992）が青海省と西蔵自治区にひろがるチベット高原の踏査を報告している。そして、チベット地域における牧畜文化の伝播に関する考察が行われているが、本書で検討するような牧畜社会の変容については十分に検討されていない。山口哲由は中国雲南省の山地環境におけるチベット人の農牧複合と移動牧畜について論じている（山口 2007、2009、2011）。

モンゴルの牧畜社会や文化に関しては先行する研究は数多い。小長谷有紀はモンゴルにおける家畜儀礼について論じている（小長谷 2002）。シンジルトは内モンゴルのモンゴル民族や甘粛省のユグル族地域での実地調査をもとに、西部大開発は事実上、少数民族地域の開発をするものであると位置づけ、改革・開放の政策が実施されてから、少数民族の伝統的な生活様式に対する「改造」が国家管理者及び研究者の重要な課題の一つとなってきたことを明らかにしている（シンジルト 2005）。

　他方、中国国内で出版されている中国籍研究者の論文では、改革・開放政策後の1980年代以降のチベット牧民に関して、社会、経済的な面で大きく発展している、という政策支持を基調とした論考が数多く書かれている。1990年代以降になると、政府が編集して書かれた地方誌が多く出版されるようになる。また、チベット近世社会史・中国民族政策など、研究分野の多様化も顕著になってくる。こうした中、2000年代から中央政府が西部大開発を実施したことを受け、西部辺境地域の経済開発や退耕還林・生態移民に関する多くの論文が書かれるようになった。

　韓霖は、国家主導の移住政策が牧畜社会の生活文化にもたらした影響について論じている。都市部などへの移住に伴って旧来の生活様式の大部分は失われるが、定住に伴う社会環境の近代化により信仰思想・風俗・言語及び生活・生産様式などの「伝統文化」を新たなかたちで保全することが可能だと主張する（韓2010）。

　蔣彬は、チベットの遅れた生産方式の影響によって、地元の経済や文化的な発展が阻害されており、それはチベット一地域のことだけではなく、ある程度は国民経済全体の発展にも影響を与えている、だから、必ず「遅れた仕事」を捨てて都市化へ猛進すべきことを論じている（蔣 2005）。

　杜发春は、近年は中国政府も方針を転じ、村落における住居や公共施設の整備に対する直接投資を行っており、村落における生活状況は改善しつつあって大きく発展していると論じている（杜 2014）。90年代までは、環境保全をその土地に暮らす人間集団の文化と直接関連づけて考えることはほとんどなかった。だが、現在の中国籍研究者の論説では、まずなによりも国土全体におけるチベット高原の水源地域を中心とした環境の健全性が最大の関心事であり、これを保全するためのさまざまな施策の一環として、伝統的にそこに暮らしてきた牧民に対してある程度のサポートをすべきことが主張されている。そこでは、移住した牧民に対し、定住地に新たに畜舎を整備して部分的に家畜との関係を継続させることで定住後の不満は解消される、というような唯物論的な考え方に基づく主張や、本来的に定着農耕民である漢民族の価値観を自文化中心主義的に押し付ける、定住化を自明の前提とした近代生活への適応論が偏った形で展開されている。

　中国国外の学者に対しては、宣教師の家族として国民党期に甘粛のチベット牧民社会での生活経験を有したEkvall（1968）の例外的業績を除き、中華人民共和国の成立後、長らく現地調査が対外開放されなかったため、牧畜地域の学術的調査・研究は大きくは進展してこなかった。1980年代後半に入って条件つきで、例外的に現地調査を許可された、アメリカ人のM. GoldsteinとC. Beallは、チベット自治区北部に広がるチャンタン高原のアンリン県（昂仁）パラで、18ヶ月間（1986年から88年）滞在して調査を行い、改革・開放後の西チベット牧民の変化について論じている（Goldstein & Beall 1990）。

　また、Manderscheidは四川省アバ州ザムタン県における1980年代以降の牧畜のライフスタイルの復活の事例について論じている（Manderscheid 2002）。以上、欧米の研究者による成

果には環境や文化の両方を尊重する特徴がみられる。

　ここまでを整理すると、中国国外のチベット学（Tibetan Studies）と中国における中国チベット学（中国蔵学 China Tibetan Studies）では仏教学にせよ、人類学にせよ、研究方法や理論に大きな違いが存在する。

　チベットの学問は伝統的に仏教を中心に発展してきたことから、牧民や農民の研究はなおざりにされ、チベット牧畜地域に関するチベット語による人類学的研究は極めて少ない。Nam-khai Norbuはチベット語で書かれた文献で、果洛のセルタ村とザチュカ村における牧民のタブー、結婚、習慣法、衣服などについて簡単に記録している。牧畜文化を勉強するには貴重な資料になるが、民族誌的研究方法は用いられていない（nam mkha'i nor bu 1983）。

　その他、チベット社会を対象とした牧畜研究については、すでに紹介してきたように、その多くが中国籍研究者による中国語で書かれた業績である。その中にはチベット地域出身のチベット人研究者も含まれているが、彼らの基本的な態度として、チベットの仏教文化を中心にその文化的価値を強調し、物理的・自然的環境よりも、チベット人が持つ精神性についてより多くの関心を注ぎ、その重要性を議論するという立場をとっている。

3．研究方法

　著者は、2011-2016年の５年間にわたって、継続的にフィールドワークを行ってきた。調査地は以下の４つの村である。

① 青海省黄南チベット族自治州ゼコ（沢庫）県メシュル鎮[7] S村委会

② 青海省黄南チベット族自治州ゼコ県メシュル鎮Gツォワ

③　青海省黄南チベット族自治州ゼコ県メシュル鎮Ｌ村委会

④　青海省黄南チベット族自治州同仁県「三江源新村」

調査の時期と対象地域は以下の通りである。

- 2011年９月から2012年３月まで（７ヶ月）

　　Ｓ村委会と「三江源新村」を主要なフィールドとして定住化や生態移民の実地調査

- 2013年８月から2013年10月まで（２ヶ月）

　　年長者のインフォーマントを対象に、解放前後や人民公社・文化大革命など牧民の放牧や生活形式の変容について調査

- 2014年８月から2014年９月まで（１ヶ月半）

　　畜糞の名称とその利用について調査

- 2015年７月から2016年４月まで（７ヶ月）

　　Ｓ村における家事労働の調査

- 2016年８月から2016年９月まで（１ヶ月）

　　Ｌ村における牧畜文化の変容について調査し、文献を収集

　調査方法としては、調査対象となる牧民の家に滞在し、聞き取りや参与観察を行った。特に、「民族政策」による生活やそれに伴う習慣や文化の変容と、牧民の自己意識の変化に着目し、地域の新聞など各種メディアの報道、地方政府の公務員や村人から情報を集めた。チベットの牧畜文化をめぐる社会的状況や、家畜管理、衣食住にまつわる家事労働など、あらゆる分野を記録した。調査項目を作成し、現地調査を行い、データを収集した。最後はデータに基づいて、音声、写真、資料に分けそれぞれを記述した。

　本書でのチベット語の用語のカタカナ表記は基本的に現地の人々の発音に従ったもので、ローマ字のアルファベットのチベット語表記は、ワイリー（Wylie）方式を用いる。

4. 調査地域とその概要

4.1　地理、自然環境

　本書の調査対象のメシュル（dme shul)[8] 鎮は黄南チベット族自治州ゼコ県の東部に位置する。平均海抜は3500メートルであり、面積は約138.8平方キロメートルである。中国政府に組み入れられる前は、メシュル鎮には4つの大集落が存在したが、現在は6つの行政村が作られている。2012年のメシュル鎮の計画生育[9]の統計によると世帯数は2898戸、総人口は1万1311である。ここに住む大多数のチベット人の母語はチベット語アムド方言[10]である（地図2、写真1参照）。

　メシェル鎮では生態移民以前から学校教育はかなり進み、全鎮で学校が6つ存在した。2013年にゼコ県教育局で閲覧した資料によると、入学率は96.7%で、高校進級率は81%であった。

　メシュル鎮を含むゼコ県は全域において大陸性高原気候で、一日の温度差が激しく、降水量は少ない。寒さと乾燥のため多くの地域で農耕は困難であるため、そこの人々は牧畜を生業としてきた（沢庫県志編委 2005：1）。

　住居は伝統的なヤクの毛を織った黒いテントであったが、近頃は、ほとんどの牧民が冬は煉瓦で建てた固定住居に住んでいる。メシュルには牧地のほかに森林の資源も豊富である。1998年青海省森林庁によりメシュル林区は省森林公園に設定され、2003年国務院が承認して青海三江源自然保護18区に編入された。青海三江源自然保護区の総面積は36.3万平方キロメートルであり、青海省の面積の半分を占める。「生態移民」が青海三江源自然保護区に実施されている。2013年にメシュル鎮人民政府で閲覧した資料によると、メシュルにある三江源自然保護区の面積は543.42平方キロメートルで、三江源自然保護区核心部の

地図 2　黄南チベット族自治州ゼコ県メシュル鎮

写真 1　メシュル鎮

1.74％の面積を占めている。林区の森林被度は41.5％である。

4.2　本書の対象地域である青海チベットの歴史

　本書が対象とする地域は、中国側の行政区分上では青海省に位置し、チベット側の視点からはアムド（a mdo）と呼ばれる地域にあたる。青海省内でのチベット居住地域としては黄南チベット族自治州、海北チベット族自治州、海西モンゴル族チベット族自治州、果落チベット族自治州、海南チベット族自治州がある。つまり青海省のほとんどは、5つの「チベット族の自治州」で構成されている[11]。青海省の5州に加えて、さらに四川省ではアバ・チベット族チャン族自治州、甘粛省では甘南チベット族自治州、天祝チベット族自治県に住んでいる人々を合わせてアムド人（アムドワ a mdo ba）と呼んでいる。それらの人々は農民と牧民に分けられ、その差異は居住地などの地理的要因、生業や生活習慣などの社会的要因、言語の違いなどに求められている。アムド方言は、農民の話す農民方言（rong skad）と牧民の話す牧民方言（'brog skad）の2つに分類される。

　アムドの牧畜は、青海省牧畜地域（約60万人）、四川省アバ牧畜地域（40万人）、甘粛省甘南牧畜地域（約25万人）の3つの省に分けられ、そこには約100万人（2000年）の牧民が暮らしている。彼らは、牧畜業による収入が総収入の80-90％以上を占める人々であるという（中国畜牧業年鑑編輯部 2002: 335-340）。

　その広い牧地について、李遠は『青唐録』で青海省の牧畜の様子を記録し、「水草に随逐し、放牧と狩で暮らす」と表現している。「牧業はツォンカ王朝[12]の社会で、彼らの日常生活に関わっていただけでなく、政治にも非常に関連している」（祝 1988: 210）。このような地域では昔から牧畜業が盛んであった。

　青海省誌では、「青海省から甘粛省にかけて、特に河湟地区（黄河上流や湟水）から4、5千年前の新石器時代の遺跡がおび

ただしく発掘されている。これらは馬家窯文化（別名甘粛仰韶文化）と呼ばれ、陶器の表面に描かれた彩色紋様が高度な文化を物語っている。そんな古代先進地域の南縁に位置するレプコン（青海省黄南州同仁県）は、海抜2500メートルの高みにあるとはいえ、周囲の高原の牧民からすれば冬の宿営地に適した谷だった。新石器時代のあと、カユエ[13]文化という通称で知られるさらに発展した青銅器文化が青海省東部にやってきた」と、この地域の古代の文化伝播の様子が述べられている（青海省情委員会 1986: 16）。『西寧府新誌』（1747年）によると青海省のあたりの地域の先住民はチャン族と吐谷渾[14]、チベット人の３つの集団であったという。「歴史の記載によると、秦漢時代青海地区でチャン族の各部族が現れた。329年鮮卑人がチャン族の各部族を統一して吐谷渾の国家を建てた。その後吐蕃が青海に入る」（青海省編輯部 1985: 2）。

　その後吐谷渾が勃興し、今の黄南を領域に含む。しかし、「663年、吐谷渾は突如吐蕃の攻撃を受けて壊滅した。多くの部衆は唐に逃れ、吐蕃が吐谷渾のすべての国境を占領した」（澤庫県志編委 2005: 8）。そのとき多くのチベット人が現在の青海などに移住した。７世紀には吐蕃と唐朝の抗争の舞台となり、８世紀に青海省の大部分がチベット領となった[15]。さらに「822年、チベットと中国の間で和平と国境を定めるための条約が締結され、青海湖の西南にある日月山が両国の国境と定められた」（rgyal mo 'bruk pa 2004: 67）。吐蕃が瓦解した後、1008年、吐蕃の末裔ジャスラ（997-1065）が今の西寧でツォンカ王朝（青唐国）を建てた。黄南もツォンカ王朝（青唐国）の一部だった。

　13世紀頃、サキャ（sa skya）から来たロンウ（rong bo）氏族が当時の12大部族を連盟したナンソ政権を、チベット側の視点からはアムド・レプコン（a mdo reb gong）（今同仁県、ゼコ県）と呼ばれる地域で築き上げた。ナンソ政権は今のゼコ県と同仁

県などを管轄した。アムドの牧畜地域でも王などを通じて支配した。このレプコンと呼ばれる地域では、ロンウ家族が作った政権が約680年間続き、その影響は大きい。その政権について簡単に述べる。

サキャ派（sa skya）は中央チベットのツァンに栄えたコン氏族による宗派である。モンゴルが元朝を建てると、チベット仏教のなかでもサキャ派が優勢になった。13世紀のサキャ派政権が元朝の支援により再びチベット地域を統一した。パスパがアムドにサキャ派の教えを広めるべく、またサキャ派政権を強固にするため、ヨーガ師として、また医師としても有名だったラジェ・ダクナワ（1173-1253）にレプコンに行くよう命じたという。

彼は約300人を連れて、その地域で徐々に政権を築き上げた。彼の長男サムテン・リンチェンはサジ村大百戸を施主として、サキャ派のロンウ寺院を建てた（brag dgon pa dkon mchog bstan pa rab rgyas 1982）。1630年ゲルク派の影響を受けて、ロンウ寺院をゲルク派の寺院にし、シャルツァン活仏とロンウ家からナンソを選挙して政教一致の政権が作られた。その政権は現在の同仁県、ゼコ県、同徳の一部、甘南の一部などを管轄した。「ロンウナンソの事務所はロンウ寺院の隣にあり、その下に仏教大臣と軍事大臣、税課などの機関があった。支配された部族がナンソ政権に納める税は、僧侶に納める税とナンソに納める税であった」（sha bu paDma rgyal 1996: 35）。牧地も農地も原則としては村または部族の公有地であった。

16世紀から17世紀まで多くの村は半農半牧であったが、レプコンの人口はしだいに多くなり、当時のロンウナンソはある特定の家を2つ分に分けたり、部族を2つに分けたりすることもあった。半分はもとの部族に残して農業をさせ、半分は移住させて、牧畜をやらせることもあった。多くの村がゼコ県内に移住した。ゼコ県内には10の部族[16]があり、そのうち4つは千

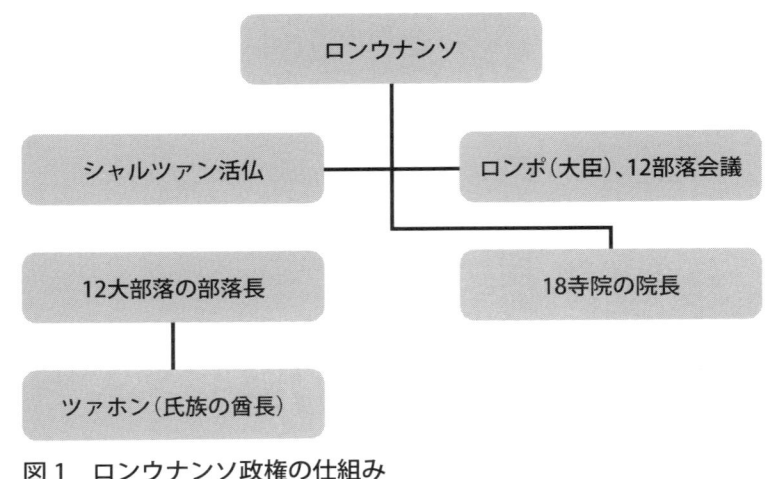

図1　ロンウナンソ政権の仕組み

戸の部族であり6つは百戸の部族であった。

　「1731年、清朝は「安集番民」政策を実行した。青海蒙古二十九旗と、青海チベットは千百戸を設立し、循化営（同仁、ゼコなど）の管轄とした」（沢庫県志編委 2005: 12）。フビライが建国した元王朝にせよ、明、清の時代もこの地域では、従前とさほど変化のない社会構造や政治を継続した。その政権は1949年まで続いてきたためその影響力は強く、シャルツァンは昔のレプコン地域の宗教と精神的なリーダーである（祝 1988）。

　ロンウナンソはレプコンの12大部族の領主で支配権は確かにあったものの、集落内部の対立抗争までは解決できなかった。一方で親族を寺院の転生ラマに据えるなど、政教一致の政権であった。

　1950年代から中国人民解放軍と中国共産党の進出によって、同仁県人民政府が成立した。1950年4月青海省人民政府は当時レプコン12族のナンソ（領主）であったタシナンジャを県副知事に任命した。しかし実権は漢族の県長が掌握していた。この

ように革命直後は一時期に伝統的な権力あるいは地方的な政権が維持されたものの、間もなくすべて解散させられた。そして、共産党の党支部などによって構成される社会主義の政治システムに変化した。それ以来チベット人のライフスタイルや生産形式に大きな変化が生まれた。

1953年12月23日、ロンウナンソの支配下にあったレプコン地方は、黄南チベット族自治区（bod rigs rang skyong sa kongs）として発足、レプコン県よりゼコ県と同仁県の2つに分割して新設された。1955年レプコンは黄南チベット族自治州（rang skyong）に改称されて今日に至っている。

註：

1) ヤク（g.yag）はチベット語に由来するが、チベット語では去勢した雄のヤクだけを指す言葉で、去勢しない場合、調査地ではウハ（bu ha）、メスはディ（'bri）またはディモ（'bri mo）という。

2) 黄河、長江、メコン川上流の源は三江源と呼ばれ、チベット高原の中心である青海省南部に位置する。

3) 2000年成立。2003年国務院が国家レベル自然保護区に認定した。総面積39.44万平方キロメートル、全省の土地総面積の54.6％を占める。三江源区域の121.22万人の中、チベット族は77.4％を占める。漢族は15.7％、モンゴル族と回族などの少数民族は6.9％を占める（张 2012: 232, 374）。

4) 家畜を削減して草原を増やすといった、生態系の保護と整備のためのプロジェクト。

5) 破壊された生態系の保護や破壊の未然防止を名目として、当該地域の住人の従来の生業形態や生活様式を制限あるいは停止させ、その住人たちを移住させる政策のこと。

6) 中国科学院はリモート・センシングによる植生状況の測定を行い、植生データと地区ごとの家畜統計を参照して「放牧圧」を割り出し、「放牧圧」の高い地域から「全村移住」「一部移住」などを区分した（別

所 2014b）。調査対象地域は「一部移住」とされたものである。

7)　鎮は中国の郷級行政区である。

8)　メシュル部落の由来としては、昔はヤロン（ya rong）村といい、レプコン（reb gong）の歴史で最初に記録されている9のロン（谷村）という9つの村の一つであり、その後、吐蕃時代国境を防衛する一部の軍人が住むことによってヤロンリマン（ya rong ru mang）と呼ばれるようになった。リマンはチベット語で軍人が多いという意味である。今よく使っているメシュルという名前は、パスパがアムドにサキャ派の教えを広めるべく、ヨーガ師をアムドナンソとしてレプコンに派遣したことに由来する。「ヨーガ師はニェンチェンタンラ山麓ダムロク・ロンウに生まれた医者だった。アムドへ来る途中、ドワという所で強盗に襲われた。ヨーガ師は呪文を唱え、トルマを岩にぶつけると、崖が崩れて強盗団を生き埋めにした。それ以来人々はヨーガ師をラジェ・ダクナワ（神医岩砕者）と呼ぶようになった。ラジェ・ダクナワの子どもロンチェン・ドデブムから9人の子どもが生まれた。そのうち3人が僧になったが、長男ロンウ・サムテン・リンチェンはサジ・ターウェーフ（サジ村大百戸）を施主として大小18寺院を建立した」（brag dgon pa dkon mchog bstan pa rab rgyas 1982: 67）。「レプコンのロンウ家族のロンチェン・ドデブムの9番目の息子ジャヤントルジャが家族内部で人を殺して紛糾して、殺人した側が当時のヤロン村に移住して来てメシュルと呼ぶようになった」（gu ru tshe ring & skal bstan tshe ring 2010: 8）。ジャヤントルジャの家族の姓はチベット古代の四大氏族のセ（se）、ム（rmu）、トン（sdong）、ドン（ldong）のうちのドン18氏族のうちの一つとされている。

9)　中国における人口制限政策。少数民族は2人目までは生むことができる。

10)　チベット語は、ウツァン方言とカム方言、アムド方言の3つに分類されている。アムド方言は主に青海省の全域（玉樹を除く）と四川省のアバ州、甘粛省の甘南州で話されている。アムド方言にもいくつかの差異があるが、ゼコ県などのアムド方言は標準アムド方言に近いとされ、青海省チベット語テレビ番組やラジオ番組ではゼコ県などの発音を基礎とする言葉が用いられる。

11) ほかに、大通県、互助県、平安県、湟源県、化隆県、循化県、楽都県、民和県、湟中県にもチベット民族が居住している。

12) 1008 年、吐蕃の末裔ジャスラ（997–1065）が今の西寧で建てたツォンカ王朝（青唐国）のこと。

13) カユエは青海湖近くの湟中県内の村名である。

14) 吐谷渾は、鮮卑系の王がチベット系の羌族などを支配し、貿易に従事した。4 世紀から 7 世紀まで（329–663 年）、青海一帯を支配して栄えたがチベットの吐蕃に滅ぼされた。

15) レプコンが吐蕃にとって重要な場所であったことを示す記述として、「アムドのレプコンにジャポ（国王）、ロンチェ（外臣）、ツァンモ（王妃の意味で、メシュルの西に位置する）といった 3 つの部落があった。それは吐蕃時代に名づけられたものだという」（dge 'dun chos 'phel 1998: 11）。

16) ゼコ県内 10 の部族は、クデ（ko'u sde）、カロン（ka rong）、キリキュルンガ（khe rus khyi lnga）、ガルツェ（sgar ba）、ゴンルシュ（mgon shul）、シサ（dpyi sa）、メシュル（dme shul）、ソナク（so nag）、ホル（hor）、ワンジャ（bon rgai）である。

第2章

牧畜社会の伝統的構造

1. チベットにおける牧畜文化の成立

ユーラシア大陸では、西アジアから中央アジア、チベット、モンゴルなどで牧畜を行って暮らしている。「牧畜は、狩猟・採集や農耕とともに、人類が依存してきた生業経済のひとつである。それらを簡単に定義するならば、動物の群れを管理し、その増殖を手伝い、その乳や肉を直接・間接に利用する生業ということになる」（福井 1987: 10）。

チベット高原は、ヒマラヤ山脈の北方に連なる地形的な高まりである。チベット高原とその周辺地域では、比較的標高が低い地域では農耕、標高の高い山地では牧畜を行ってきた。

古くから標高や土地の特徴に合わせて、農業や牧畜業が営まれてきた。農耕地帯の人々はロンパ（rong pa＝谷の人）と呼ばれ、牧民はドゥパ（'brog pa＝牧地の人）と呼ばれる。また、耕作と牧畜両方を行っている半農半牧民のことはロンマドク（rong ma 'brog＝谷間でも牧地でもない人）などと呼ぶ。広大な高山の牧地には約200万人のドゥパが住んでいる。彼らは現在、中国の西部の他、ブータン、インド、ネパールの北部山岳地域の至るところに住んでいる。今でも牧畜は彼らの地域の経済や社会で最も重要な要素である（Miller 2007）。

ドゥパたちは標高3000メートル以上の非常に冷涼で、かつ農耕に適した平坦地が乏しいところに住んでいる。そういう条件の中、チベット高原の自然環境、すなわち牧地的環境を土台にドン（野生ヤク）をはじめとする野生動物を家畜化してから牧畜業を成立させた。野澤謙は家畜化の要因として、自然的要因、動物的要因、人的要因の3つを挙げている（野澤1987: 68-74）。確かに、広大な牧地が広がるチベット高原において、人間生活を可能にする方法は有用な家畜の存在と牧畜という生業形態を

おいて他にはなく、野生動物の家畜化は過酷な自然環境を生き延びるために不可欠の要件であったといえる。

　牧畜がチベットで、いつ如何にして開始されたかは、今までの資料や考古研究によってはまだはっきりとわかっていない。松原正毅はそれについて以下のように論じている。東チベットの昌都卡若（チャムドカルオ）遺跡は、青蔵高原でこれまで発見された最も古い農耕遺跡である。紀元前3000年から紀元前2000年にわたる層位の中からは、ヤクの骨はまったく発見されなかった。家畜としては、豚の骨が見出されただけである。少なくとも、この時点ではヤクの家畜化は見られず、牧畜の成立は認められない（松原 1993: 258）。

　チベットの国王ソンツェン・ガンポ（srong btsan sgam po 602–650年）の統治の間、チベット帝国は中央アジアの強力な勢力となった。この帝国が成功した一つの理由は、有能な騎兵として牧民を動員できたからであった。8世紀は、チベット帝国の最盛期であり、チベット高原の大部分を征服するとともに、甘粛と新疆のシルクロードの重要な都市（例えば敦煌とパイラン）を含む多くの地域を制覇した。チベット帝国の拡大によって、他のアジアの牧民文化との接触が大いに容易になった（Miller 2007）。

　チベットでは、馬、ヤク（後述するゾを含む）[1]、羊、山羊を飼育し、それは「4種の宝物（ヤンラゴシ g.yang ra sgo bzhi）」と呼ばれる。ヤクは荷物の運搬の他、毛を用いてテント用の布を織り、その皮からは革袋や皮紐などが作られる。また、その糞は乾かして燃料として用いられる。肉や乳などすべての部分は無駄なく有効に使われている。「チベットにおける牧畜の特徴を集約してしめすと、ヤクに非常に比重をおいた牧畜ということができる」（松原 1993: 259）。「チベットやヒマラヤ山脈の高地でウシの代替家畜となっているヤクは野生ヤクと家畜牛と

の間の遺伝的チャンネルの仲介者となっている。つまり、ウシ飼養地帯である低地と、ヤク飼養地帯である高地の中間地帯にはウシ・ヤク間の雑種が飼われている」(Phillips et al. 1946: 81)。

ゾ(mdzo)は、ヤクとウシの雑種（交雑種）である。ウシより身体が大きくて厳密には雄のみをゾといい、雌はゾモ(mdzo mo)と呼ばれる。総称はチベット語でンガリン(rnga bran)という。ゾモは雌ヤクより乳量が多いのが特徴である。その肉、毛皮、乳、糞を利用し、乗用と耕作にも用いる。かつてはゾはヤクの群れの中の約２％から10％を占めたという。しかし調査地では、1984年に「牧地請負制度」が実施されてから、放牧地が家族ごとに配分され、柵で囲まれるようになった。ゾはヤクより賢くて柵を越えることがあり、隣の家にまで迷惑をかけることがあるのでほとんど飼われなくなった。しかしチベットの農耕地帯では今でも飼われている。

チベット羊は、毛肉兼用種の一種であり、寒さに強く、群れで管理しやすいのが特徴である。牧民は衣類を主に羊の毛皮に依存してきた。アムドでは多くの地域で羊の乳を搾らないが、その肉、毛皮、糞を利用する。山羊は羊と比べると数が少ないが、賢くて群れをリードする役目を果たすため牧民が好む家畜

表１　家畜の特徴と用途

家　畜	チベット語	特　　徴	用　途
羊	lug	寒気や乾燥に強い、臆病、おとなしい	肉、毛皮、乳製品、糞
ヤク	nor	体格が大きい、毛が長い、寒さに強い	肉、毛皮、乳製品、糞、騎乗用、運搬
ゾ	mdzo	ヤクより乳量が多いが寒さに弱い	肉、毛皮、乳製品、糞、騎乗用、運搬
山羊	ra ma	動きが敏捷	肉、毛皮、乳製品、糞
馬	rta	筋肉質で、寒さに強く、忍耐力があり、機敏で機動力に富む	騎乗用

である。その肉、毛皮、糞を利用する。

　アムドのチベット馬（河曲馬）は非常に有名である。チベットでは伝統的に地域を区分するとき、アムドは馬の地域と称せられる。また牧地をめぐる戦いの中では馬が重要な役割を果たした。馬は牧民の戦友と見なされ乗用のみに用いられ、肉、毛皮、乳、糞などは利用しない。家畜の特徴や習性などについては表1の通りである。

　チベットの牧民はこれらの家畜を所有することによって生活をしてきた。その経済は基本的に自給自足であったが、ただし、農民との大麦の交換は長らく行われてきた。放牧や家畜管理、乳製品作りは家族で分担してきた。家畜はチベット高原に生きてきた牧民にとって生活の源である。家畜の中でも生活の基本財の多くを提供しているのがヤクである。チベットの牧畜の特徴がヤクに大きな比重をおいたもの、と先述の松原は述べる。ヤクは乳製品などの他、荷物運搬もできるため、西方の山羊とラクダの役目を合わせ持ったものともいえる、と論じてい

写真2　ヤク

写真 3　羊の群れ

る（松原 1993: 259）。

　以上見てきたように、家畜は確かにチベット人にとって欠かすことのできない重要な生活手段である。しかし、それらの家畜は時代状況や国家政策などによって、構成や数などが大きく変化してきた。特に、中国においては1958年の人民公社期から1980年代の初期までの間、家畜の頭数を増やすため、雌を増やし、チベット羊はラハと呼ばれる新疆種の羊への変更が進められたことなど、アムドの家畜のシステムに変容がもたらされた。現在、中国では、「持続可能な発展」というスローガンのもと、チベット高原の黄河・長江・メコン川上流の水源地域を無人化する「三江源生態移民」が進められており、その中で「禁牧」などの政策が進められているが、そこに住む多くの人々は牧畜にのみ依存している。牧地と牧民が分離する政策の進展は、家畜の頭数や構成にも大きな影響を与えている。

2. 社会構造

2.1 村の仕組み

　1950年以前のチベットの牧畜は家族経営を基本とし、伝統的な牧畜業によって生活が営まれてきた。そこでは家畜を飼育しながら季節ごとに移動する。近代工業はなく、ただ牧畜業と、一部の地域ではわずかな農業、手工業が存在するのみだった。人々は限られた商業活動を行い、ほとんど互いに連絡を取らないまま集落生活を送っていた。

　1980年代に行われた中国チベット学研究センターの調査によると、黄南チベット族自治州に44の部族、海南チベット族自治州に23部族、海西モンゴル・チベット族自治州に20の部族があって、それらは1950年代まで続いてきたという。人々は部族（デワ）に属し、その部族は特定の牧地を持っている。境界線はだいたい部族ごとに画定されていた。部族の内部では、土地はすべて共有であり、部族の首長（ホンボ dpon po）を含めて個人的には勝手に占有できない。ホンボとは部族の首長で、各地に割拠して一定の公有地の領地を持っている。チベットの多くのホンボは世襲的制度である。部族の中での権威は絶対であり、部族の利益を守るため貢献することが大事である。

　メシュルでは、ホンボの他に同等の地位に当たるラーマの称号があり、両者が村の仕事をしていた。ジャヤンソナム（'jam dbyang bsod nams grags pa）が書いた『lta ba mkha' khyab phyogs bral』というチベット語の写本（奥付無し）によれば、1530年ワンタクジャムツェ・ゴルトクがナンソの許可を得て第1代のホンボとラーマ両方の任務を務めたという。彼が後にホンボとラーマの役割を2人の息子に与えたため、この村にはホンボとラーマという2つの役割ができた。その制度を廃止する

表2 伝統的な村と中国による行政単位

ホンボ（部族長）	デワ（部族）	ツォワ（氏族）	中国による行政単位	社の数
メシュルホンボ／メシュルラーマ	メシュル	ホンコル	シャルゾン村委会	11
		ノルゴ		
		ヤザ		
		ンガパ	セロン村委会	10
		ガルワ		
		ケリ		
		トムロン	ロンザン村委会	7
		カチェル		
		トゼ		

まで18代のホンボとラーマがいた。

　ホンボやラーマの他に、ツォワを代表するツォニュと、牧地を管理するチュダク（khyugs bdag）たちが集まって会議し、その年の気候や草の状況などによって営地の移動日を判断する。移動日や放牧地は彼らの指示による。特に、チュダクは牧地の管理や移動日、移動先などについてルールを守っているかを監視する役割を持っていた。彼らには給料が払われないが、ルールに違反した家族の羊を殺して食べてもよいともされる。

　調査地のメシュル部族は、現在中国の行政村区分としては3つに分けられている。しかし、中国が規定した行政区分が施行されているにもかかわらず、地域では伝統的な9つのツォワを中心に生活している。表2に示すようにセロン村委会は10社、シャルゾン村委会は11社、ロンザン村委会は7社が区分されている。他方、1つの行政村は3つのツォワによって形成されている。共産党村支部書記（村落支部）と村委会主任（村長）、村委会会計の三役は、それぞれ別のツォワから選ばれる。それらの役は18歳以上の牧民から3年を任期として選挙で選ばれる。彼らはまたツォワの長にもなる。ツォワは現中国の行政単位と

写真4　宗教儀礼でチャム（仏教舞踏）を舞う

　して行政上権能を持たないが、牧民はツォワを中心として生活
をしている。その下に各社の隊長がいる。その他に牧民の中か
ら自発的に多数の長老的な人々が代表として選ばれる。
　1950年代からチベット社会では大きな変化が相次いで起きた。
地域の伝統的な部族の制度が廃止され、社会主義の推進ととも
に新たなリーダーシップが形成された。世襲的なホンボなどの
支配者やナンソに代表される伝統社会の王、僧院の指導者の権
力は剥奪され、近代中国の官僚制度がそれに取って替わった。
特に1958年以降は寺院は閉鎖され、さらに人民公社化や文化大
革命など大きな社会変革がなされた。しかし、アムドの牧民は
ある局面においては現在も司法の介入を拒否している。特に牧
地の争いや役人に対する抵抗については、警察や司法の介入を
拒み続け、仲介者として宗教者であるラマやかつてのホンボの
家系に属する人のリーダーシップや威信に頼り続けている。そ
れらのことは、アムド牧地においては政治的なコントロールの

枠組みの外で、伝統的な部族の論理が現在も一定程度継続していることを示唆している（Pirie 2005）。

　宗教儀礼の点においても、アムドの牧民地域では部族の単位が重要な役割を担っている。例えば、ロンウ寺院では大きなモンラムチェンモの儀式を行っており、そのときには昔通りの12大部族の中の２つの小部族が主催して、400人の僧侶に10日間供養し10日間のあらゆる儀式の施主となる。その他多くの活動を12部族を中心としたネットワークで行っている。調査地の村では、年間の主要な年中行事としては４月のチトウ[2]、６月のラツェの祭（ラプト）[3]、８月の競馬会[4]、９月の斎戒[5]などがある。

2.2　親族組織と部族

　チベットの牧民が祖先から引き続いてきた家を「ラ（sbra）」[6]という。ラとはもともとはヤクの毛で織った黒いテントの意味で、「キュムツァン（世帯）」ともいう。チベットの牧民はテントで生まれ、そこが死に至るまで生活する場となってきた。キュムツァンは１つのテントに暮らす人々の集団を指し、牧民の最も小さな社会的単位である。牧民の世帯は基本的に核家族が多く、そして直系家族である。

　世帯（キュムツァン）は本家（ラゲン sbra rgan）と分家（リツェ sbre'u mtshes）に分けられる。分家を作るのは家の誰かが結婚したときで、家族の人数が増えたことによって１つのテントでは生活しにくくなること、また、家族の間の摩擦を防ぐために行われる。長男が結婚した後、さらに次男が結婚した場合、長男を本家とし次男を分家として家を分割することが多い。しかし、先に長男側を分家としても構わない。財産分与のときに持っている財産（家畜）を人数によって公平に分配するというのが原則である。

　以下は、ある家が1993年、家を分家したときの事例である。

リクジャ家は当時8人家族で、長男に子供2人、次男には子供がいない。長男が本家を引き継ぎ、次男は分家となった。そして、両親のうち父親は本家の長男と、母親は分家で暮らすようになった。子供を本分家に分けた場合、その両親も本分家に別れて別々に住むことが多い。そのとき家長も子供の世帯に移る。その際、この家には3人ずつ6人の大人がいるので、家畜、食器や家具などすべての財産を平等に分配した。女性が嫁に行くときは贈り物として、牧地などは分けないが、家畜や金銭などを贈る。

　しかし、実際は家族で相談して決めるので各家によって違う場合はある。普通は本家は古いテントに住み続け、分家は新しいテントを作るので、本分家はテントから判断することもできる。調査地の牧民の場合は、家長の名前が家名となり、分家すれば家名も変わる。家長の名前の後にツァンをつければ家名になる。夫が亡くなった家の場合は、長男の名前を家名とする。家に男性がいれば家名を女性の名前で呼ぶことは禁じられている。家に男性がいない場合は特別に女の名前を使うが、それは望ましくないとされている。

「ラカ（sbra kha）」は「同じテント」という意味で、いくつかの世帯から成る父系リネージ集団のことをラカと呼ぶ。自分の父系クランに属する親族のことでもある。ラカの大事な問題は長老たちが相談をして決める。また結婚式や葬式などの活動をするときはメンバーが分担して働く。調査地では、1つのラカは15戸から50戸で構成されている。ラカは一連の同じ護法神や土地神を祀る。2015年にはンガパという氏族に260世帯があり、それはンガパ、シャルトン、テェツァン、ノルジョン、ラトンといった5つのラカに分けられている。

　もう一つ親族について重要な概念の「ツォワ」は、本来は骨と血で結ばれた家族と親族間の繋がりによる社会集団の名称で

ある。基本的にいくつかのラカに外来の世帯を加えてツォワを形成する。外来の世帯は「ルヨン」といい、元のツォワやデワとは絶縁している。チベットのアムド地域では、ルヨンの例は多くあり、戦いによって氏族がバラバラになった場合は、一部は別のツォワに加わった。条件としては、受け入れ側の部族や親族集団の公的なルールを守ることである。ルヨンは受け入れる側からの呼び方である。ヨムキ（80歳、女性）によると、1927年、メシュルに属するトゼという氏族の中で争いが起こり、その後、その氏族の人々は今のゼコ県寧秀郷、同仁県や甘粛省甘南チベット族自治州森科県にバラバラになって住むようになったことがある。彼らは受け入れる側からするとルヨンであり、それらの村の規則に従うことになる。

そして、村（デワ）は元の親族集団（ツォワ）が大きくなっていくつかのグループに分裂してできたものである。人口の増加によって親族集団（ツォワ）は村（デワ）になる。

一方、「ショカ」は血縁ではなく連帯の目的のために、一般的にいくつかの部族や村から作られたものである。調査地域では連盟の部族はショカと呼ばれる。ショカに属する部族の成員はすべて相互依存関係にあり、同じリーダーに従う。

以上をまとめると、図2のようになる。

また、放牧に関しては、他の家族とともに1つの牧畜集団を形成する。この牧畜集団を構成するのは3、4家族から多いときには20家族にも上る。その集団は「ルコル（ru skor）」と呼ばれる。その目的は牧地の資源を共同で規則を決めて利用し、また、家畜の盗難などを防ぐためである。ルコルは血縁に関係がなく、共同放牧を行う集団として形成された。昔は、牧地を管理するチュダクという管理者（khyugs bdag）たちが決まったエリアの中で自分が好きな営地を選び、その営地に集まってきた放牧集団を指したという。

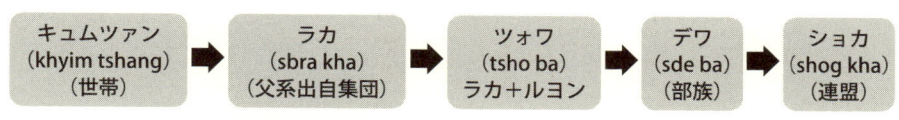

図2 メシュルにおける伝統的な組織

　中国のチベット学の泰斗である陳慶英の『中国蔵族部族制度研究』などでは、ルコルについて、チベット牧畜の最小の組織単位であり、父系リネージであると論じている（陳 2005: 77）。しかし、ルコルはチベット語では「近隣」の意味で、およそ3-15戸で構成される。季節的な移動などによって構成が変わるような存在である。共同の仕事としては、夏営地で羊毛を刈る作業を行ったり、黒テントを作る仕事もする。家畜が行方不明になったときの捜索や病気などのときも互いに手助けをする。

2.3　婚　姻

　これまで多くの研究者がチベット社会の一妻多夫婚をめぐる研究を行ってきた。しかし、青海省のチベット社会は全体的に一夫一婦制が普通であった。チベットでは吐蕃時期から、近親婚を禁止した。婚姻のときには家柄を最も重視し、優良な子供を産む意識と血統的な観念が強かった。

　チベットでは、「骨（rus）」は父親に由来し、「肉（sha）」は母親に由来するとされて、父親の「骨」を大事にすることがある。しかし、調査地の場合、母親と父親は同じシャチャク（肉血）とされ、母系と父系は同じ価値であり、6-7親等を越えないと結婚できない。

　村では、男女関係が比較的に自由なので、通常自由恋愛結婚が多いが、結婚相手を両親が決める場合もある。両親が決める場合は子供に相談することが多い。いずれにしても、結婚の相手の家系、「骨（リュパ）」と「肉（シャ）」、「血（チャク）」、「血統（ジェル）」は同じではないか、親類に当たるか当たらないか、

という血縁関係の近さを問題とすることもある。守護尊（ソンマ）が異同しているかどうか、という宗教的な理由も結婚できるかどうかに大きな影響を与えるケースが多い。

　実際の結婚においては、どんな方式によるかにかかわらず、結婚に関わる義務が履行される。まず、普通夫側が仲人（ワルワ）を第三者に頼む。ワルワは「チャンパンカタ」と呼ばれる茶と酒、カタを持って相手方の家を尋ねて結婚を申し込む。その後、妻側の家族や親戚が一堂に会し、認めるかどうかを話し合う。許諾される場合は、さらにもう一度顔を合わせて結婚の日を決める。

　婚約するとき親族から贈られた家畜は、分家するときに結婚した２人が所有する習慣があったが、現在では現金が贈られる。結婚して新しい家に住むということはあまりない。1964年、黄南州の牧畜地域に「婚姻法」が実施されたが、早婚が多いため、婚姻登録できないケースは今でも多くあるようだ。家族や親戚が認めない場合や、早く相手と結婚したいときには、男性と女性が相談して、男性が仲間と一緒に女性のところに尋ねて行き、誰にも知らせないまま男性の家に女性を連れて帰ることがある。それを「ドルモ（逃げる）」という。伝統的には、牧畜地帯では遠方の女性と知り合いになるチャンスが少ないため、村の中及び周辺の牧民の村や半農半牧の村と通婚関係を持ってきた。しかし最近では、公務員や学校などで遠方の女性と知り合いになる機会があるので、恋愛や結婚の相手は村人だけに限らず広い範囲に及ぶようになった。

3. 牧民のライフスタイル

　チベット牧畜社会では、男性の仕事はポリ「(pho las)」、女性の仕事はモリ「(mo las)」といって、男女の仕事がはっきり

表 3　男女の分業

男性	革なめし、皮衣作り、家畜の剪毛、交尾（人工的な交配をさせる）、去勢、テントの縫い合わせ、屠殺、放牧など
女性	乳搾り、乳加工、ヤクを繋いでいた場所の糞片付け、糞を加工する、毛を洗浄し糸にする、テントの反物を織る、料理を作るなど

分かれているのが特徴である。男性の場合は、家畜管理など多くは居住するテントから離れた作業を行う。女性は朝晩に牛乳をしぼり、乳加工などテント周辺とテントの内部の作業を中心とする。その具体的な内容は表3のようにまとめることができる。

　男女それぞれで繁忙な時期は違う。男性の繁忙期は、春の3月や羊の出産時期である秋の10月から12月までである。女性の繁忙期は夏や秋の、朝晩に牛乳をしぼり、乳を加工する時期である。しかし近年、牧民たちは固定住宅に住み、服も町で購入している。また、羊やヤクの毛皮が商品として売られていることなどにより、男性の仕事は少なくなっている。一方、太陽光発電を利用する電化製品によって、女性の仕事も昔と比べると若干簡単になったとはいえる。

　「人類の歴史の中で、母子を分離することと、オスを去勢するという2つの技術が生まれたことで、牧畜が成立したと言われる」（梅棹 1976）ように、去勢は牧民の家畜の数を増やし、質を良くするため生殖を管理し、食を豊かにする方法で、牧民にとっては大事な仕事である。羊の場合は毎年8月に夏営地で去勢する日を決める。村の男らは集まって家から少し離れた場所で去勢を行う。そのときに子供の仕事は子羊を捕まえることである。子羊の陰嚢を手で締めてナイフで小口を開けて睾丸を外に出す。その後、羊毛で傷口を縛る。ヤクは2歳になってから去勢する。手と足をヤクの皮で作った紐で縛り、仰向けにして羊と同じように処置する。チベットの牧民は睾丸を食べない。

　牧畜文化圏においては、食糧は主に家畜に依存している。そして、家畜から得られる食物は2種類に大別される。一つは家畜の乳から作る乳製品であり、もう一つは家畜を殺して得られる肉である。チベットでは、肉類を表す「赤い食べ物（dmar zas）」と乳製品など肉以外のものを指す「無色の食べ物（skya zas）」の2つに分けられる。「無色の食べ物」としては、ザンパ、バター、ジョマ（野生の草の根）、チーズ、ヨーグルトなどがあり、「赤い食べ物」としてはヤク肉や羊の肉などが挙げられる[7]。

　穀物とともに牧民は大量の肉や乳製品を食べる。したがって肉は牧民にとって欠かせない食糧なので、牧民の主食は肉だという意見もよく耳にするが、実は、牧民は春から秋は日常的にはあまり肉を食べない。冬は肉の保存に適した時期なので、家畜を屠ってグンチィ（「冬の食べ物」という意味だが、冬に家畜を屠ること自体も指す）を作る。雌ヤクは屠殺対象としないことが多い。なぜなら牧民は雌ヤクの乳を毎日飲んで暮らしているので、自分たちの母のようなものとされるからである。

　家畜を屠殺する前には、灯明をともし、マニ車（中に経文が入っており、回すと功徳を積むことのできる法具）を家畜のそばで回し、読経し、革のベルトか紐を使って家畜の鼻と口を縛って窒息させて屠る。5人家族の場合、夏に羊を1頭、冬は2頭程度のヤクを殺す。実地調査では、100戸の中で家畜を持っていても殺さないし、売らない世帯が15戸ぐらいあった。それらの多くの家族は肉を食べない。それは仏教の教えに関わっている。特に、現在、牧畜地帯でも野菜の購入が簡単になっており、活仏によって肉食を罪とする教えも浸透してきている。第4章で後述する移民村では、伝統的な食物が食卓から消え、代わって市場から購入される野菜が消費されている。

　昔の商品交易では、羊毛、ヤクの皮、羊の皮などが同仁と貴徳、甘粛の臨夏などに輸送された。それらは食糧や塩、茶、布

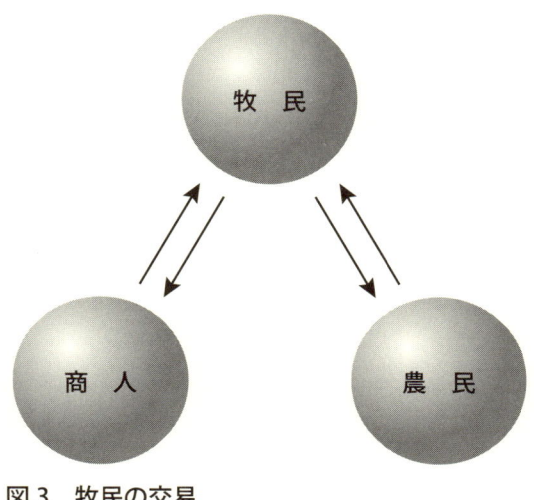

図3　牧民の交易

製品、日用品と物々交換された。メシュルのある長老（78歳）は、昔の農耕地帯との交易について、次のように語ってくれた。

　交易には３つのルートがあったが、そのうちロンウ（同仁県ロンウ鎮）がメシュルから近い（約50キロメートルの距離）ので、穀物などの一般的な物々交換は主にそこでされたという。その他ラブラン（甘粛省夏河県）や貴徳との交易を必要に応じて行った。1957年から道路の建設が始まり、交通の条件が良くなったが、その頃はまだ、毎年９月から10月にかけて農耕地に畜産品を持って行くため、荷駄用のヤク（sna ma）に荷物を背負わせて目的地に向かった。

　男らはヤクに交換するものを載せて農耕地に向かい、そこの農民や商人のところで毛皮、バター、チーズなどを茶、大麦と日用製品に物々交換する。物々交換が基本であるが、ときに銀を使うこともあった。半農半牧民や農民、牧民のそれぞれが必要品をある程度、互いに手に入れることができた。また、そういう交易によって、寺院やその周辺の村で小さな市場もできた

りした。

毛皮は昔からチベットと外部を繋ぐ商品であり、特にチベット羊の羊毛は有名だった。それらを売り、牧民が好む飾りものを購入することもあった。その交易の習慣は1958年まで続き、それ以降人民公社時代は、農耕地からヤクを使い穀物を輸送した。1980年以降、多くの牧民のところで日用製品を販売する国営店ができ、より簡単な方法で必要品を手にすることができるようになった。1990年以降は、道路が完全にできて車も普及し始めた。さらに、牧民の交易の市場も変わり、畜産品の商品化も進んだ。多くの家庭用の家電なども買われるようになり、特に、乳製品を作るためのセパレーターなどが普及した。

野菜の普及には、他のものと比べると時間がかかったという。牧民は野菜を草として、家畜の食べ物と見なしてきた。市場に野菜が入ってきても、それを食べるようになるまでには時間がかかった。特に、それを使い中国料理を作れる人は当時少なかった。

鄧小平による改革・開放政策によって、中国は経済が発展するようになった。1992年以降、再び改革・開放が推し進められ経済成長は加速した。しかし、都市と農村、沿海部と内陸部の地域格差は深刻化した。格差是正のための西部大開発の政策が実施され、今や中国経済は「世界の工場」と呼ばれるまでに成長し、その影響はチベット高原にも強く及んでいる。

4. 紛争とその調停

諺はチベット語で「タムフェ（gtam dpe）」と呼ばれる。チベット牧民地域では、村の会議、集まり、調停など多くの場面でそれを用いて話し合う。内容は牧民の日常生活や仏教の理念、家畜に関するたとえなど多様である。多くの諺を知り、それを

上手く活用できることは、実務的な能力があるか否かにかかわらず、一人前の男の条件である。諺を巧みに使う男たちは人々の尊敬の対象となる。つまり、雄弁であることはチベット社会で生きる有利な条件である。その背景として、チベット牧畜地域では多くの事柄を話し合いによって解決することがあり、その意味で国家による司法制度から独立しているため、習慣法に従わなければならないからである。例えば、諺を活用できない相手は損失を受けることもあるため、諺を活用できない個人や村は社会的弱者と見なされることもあり得る。離婚の交渉や喧嘩、村と村の間の争いなどの解決などは今も慣習法に従う。

　チベットに存在する「損害賠償法」は「トン（stong）」と呼ばれる。トンの対象は殺人、窃盗、略奪、侮辱、争い、離婚などである。その中で、「賠命価」は、昔から殺人罪に対する習慣法として用いられる。「チベットの牧民は、政治的な行政区域の距離によって法律の執行が困難なため、支配が弱められた。地方自治と政治的な管理からかなり独立していた。権威や法律もほとんど効果がなかった。自らの生存のため主として、反社会的行動や報復などは調停によって処理した」（Ekvall 1964: 1124）。

　しかし、国家の作った法律ではないため多くの場合には決まったルールがないので、スワ（調停人）と呼ばれる人たちの交渉の次第による。トンが適用される場合、殺された人物の社会的地位や権威によって、賠命価の額はそれぞれである。調査地での聞き取り調査によれば、中華人民共和国成立前は、男性を殺害した場合のトンは80頭のヤクで、女性の場合は男性の半分として40頭を殺された家族に贈った。

　殺された人物がラマや役人の場合には、賠命価は非労働力（15歳未満、病気などの理由で労働できない者、老人）の5倍になった。また殺人の原因や罪の軽重などによって、以下のように

４種類に分けられていた。１つ目は、「ダモトンシャ」といわれ、殺人側は被害者の側に自分の家が所有する財産や家畜の半分を賠償する。２つ目は「カロクサン」といって同じく３分の１を賠償に充てるもの、３つ目は「ナポサンク」といって同じく３分の２を賠償するもの、４つ目は「ゴラカツァム」と呼ばれるすべての財産を賠償するものである。殺人のトンではチャクテンという牧牧地を賠償することもある。実際には、被害者側へ賠償されたもののうち７割が被害者に帰属し、残りの３割は仲裁人たちの報酬になった。

　殺害のトンにも、いくつかの種類がある。一つはシトン（phyi stong）と呼ばれ、村を越えて発生した事件に対するものである。加害者と被害者が違う村出身の場合、同じ村の中における殺人より賠命価は高いのである。最初、被害者側の部族の者が復讐するために集まって、加害者側に向かおうとするとき、村に関係するラマあるいは第三者の村の長などが争いをやめるように説得する。そのとき、「撤兵金」すなわちチベット語で「マクゾ（dmag rdzogs）」と呼ばれる家畜または現金を贈る。それらを受け取ったら両村の紛争が平和的に解決されることになる。解決後、最後にすべきことは、加害者側と被害者側の代表が会って事件を解決し、今後仲良くすることに異義がないという誓いをすることである。あるいは、加害者側は被害者側のために法要をすることもある。事件を起こしたら、村の人々が全員で助け合ってトンをするのは昔からの習慣であり、殺人などの他、交通事故などでも昔と同じようなやり方が行われているところもある。

　もう一つは、ナントン（nang stong）といい、村の中で発生した事件に対するものである。個人や親族によって復讐がなされることもあるが、そういう場合は、その親族らを村から追放することもあった。その他、相手に障害が残るような重い怪我

を負わせたときの賠償など、賠償金は社会的地位や個人などによってさまざまであった。

　昔からアムドの牧畜地域で村と村の間の争いは数多く発生してきた。原因として最も多いのは牧民同士の牧地の争いである。1950年以前では、牧地は部族の共有地であり、部族によって境界線はだいたい画定されていた。

　しかし、沢庫県誌によれば、「ゼコ県の歴史形成は極めて複雑であり、各地域、各部族の間に習慣的な放牧境界線があるものの、法定的な境界線は画定されたことがなかったので、常に紛争を続けてきた」（澤庫县志編委 2005: 363）のである。

4.1　牧地争いの事例1

　黄南チベット族自治州ゼコ県メシュル部族と抗争の関係になった黄南チベット族自治州同仁県カソ部族は、メシュルと同じくこの地方の12大部族の一つであった。2011年の戸数は650戸である。カソ部族との対立関係は、長い間にわたって引き継がれてきた。そのため、婚姻を結ぶことも禁止されており、お互いに声もかけない。対立の原因として、最初は夏営地のセルゴ山の周辺の約5000平方メートルの牧地の所有権についての争いであったといわれるが、その後、事件が相次いで起こった。

　2011年の聞き取り調査によると、1929年カソ村が夏営地でメシュルの2人を殺した。その事件の3ヶ月後、メシュル側の村人500人が集まって、馬に乗り、手に銃や刀を持って夜間夏営地にあったカソ村を襲撃し、テントへの放火と破壊をし、家畜の大部分を略奪した。夏営地にいたカソの部族の人々はすべて冬営地に逃げたが、人は殺されなかったという。この事件のため、カソ村の村人は事件後15年間夏営地に戻ってくることができなかった。

　1948年、牧地紛争の原因となったセルゴ山で、メシュルの

120人とカソの100人が銃を撃ち合いメシュル側の１人が死んだ。メシュル部族では「ケサル」[8]とも呼ばれるジクセがメシュルの牧地を守るために貢献したと伝えられる。彼はその他にレプコン12大部族の牧地を守るため河南モンゴル県などに対する多くの戦いに参加し、（1930年頃）12大部族の領主であるロンウナンソの大臣にもなった。彼は1950年にカソ部族による暗殺によって殺された。

1986年に再び紛争が発生した。きっかけはメシュルの何匹かの家畜が越境してカソの家畜に混ざったことから、放牧する牧民同士の喧嘩になったことによる。その夏営地にいるメシュルの村人は30人ほどしかおらずカソ側と比べると非常に少なく、メシュル側に４人の死者が出た。1986年に政府の役人と宗教者が連合して紛争を解決しようとしたが失敗し、家畜に対する賠償をした。

2006年になってレプコンセティという活仏の呼びかけに従い、すべての事件についての平和的な解決に相互協力したという。その内容は、紛争となっている土地を半分に分け、また、カソ部族がメシュルにパドマサンバヴァの仏像1001体、マニ車３基、仏典300冊を贈った。一方、メシュルはカソにマニ車１基、仏典15冊を贈った。また、亡くなった人のために祈祷し、仏典を手にして今後の友好を誓った。

4.2　牧地争いの事例２

1998年、メシュルと黄南チベット族自治州同仁県のドワ村が銃を撃ち合い、投石縄を使ってメシュル側に１人の死者が出て、家畜が盗まれた。抗争が起こった原因は家畜の越境である。1984年に牧地は個人に分けられているので、最初は個人的な争いであったが、ドワの村人が集まって銃を使ってメシュルの１人を殺したので、メシュル側も、かつてのメシュル部族長の息

子が、各家から18歳以上で55歳以下の男1人を戦いに参加させるように呼びかけた。家に銃がない場合は他の村から借りることとした。ある者はゼコ県の警察官の銃を借りてきたという。両村は7日間戦ったが、その後ゼコ県や同仁県の政府関係者やレプコンのシャルツァン活仏が介入し、3ヶ月後に解決した。

　解決の内容としては、紛争の対象となった牧地を折半し、メシュル側に人命に対する賠償として、羊100頭と馬3匹、5万元と法具が贈られた。新しい境界線は政府と活仏によって画定されたので、牧地をめぐる紛糾は減った。

　現在、冬虫夏草[9]の採集地をめぐる争いも頻発している。青海省の冬虫夏草は有名で、2011年の時点で500グラムの値段は4万5千元（日本円にすると70万円）にもなっていた。採集時期は5月から6月までの1ヶ月半ぐらいである。現在それは牧民にとって重要な収入源になっているが、冬虫夏草の採集のために越境する人も増えた。青海省当局は、近年の冬虫夏草ブームで牧地が退化し、資源が枯渇するのを恐れて、2005年から「青海省冬虫夏草採集管理暫行弁法」という条例を施行し、ゴロク州では現地の者でも許可がない限り冬虫夏草の採集はできないものとした。ゴロクの外部の人間は許可が得られないため採集できない。違反者からは高額の罰金を取る（阿部 2012: 47）。

　ゼコでも最近は牧地保護のため冬虫夏草の採集の制限が厳しくなったが、牧民にとって重要な収入源になっているので全面的な禁止はしていない。冬虫夏草の採集をめぐっては、2002年から2012年までメシュルとロンチェ村の間で毎年争いになっている。そのために、冬虫夏草の採集時期には、黄南州政府から多くの役人と警察官が派遣されて争いにならないようにしている。

4.3 個人間の暴力事件の場合

　2003年レプコンでメシュルの青年が喧嘩して殺人を犯した。警察が犯人を逮捕したのはもちろんだが、殺人については加害者側が伝統的なルールに従って被害者家族に賠償しなければならない。このときは、部族の老人が集まって20万元（約260万円）の賠償を支払うことにした。交通事故などは頻繁に起こるので、部族全体ではなく加害者の親族が負担する方式に変わっている。

　争いの解決のためには、村の中から「スワ（調停者）」を選ぶ。また、加害者からスワを指名する場合もある。そして、スワが代表として両者の意見を聴取し、相手の「スワ」に伝えて相談する。それによって事件処理が始まり、「スワ」の意見が一致すると、加害者と被害者双方の意見と要求を聞いたうえで、公平に処理する。「スワ」の処理に異論が出た場合、「スワ」が再び調整を行う。それによって「トン」の金額等が決まり結果を公開する。解決できない場合、「スワ」を変更することもある。

　部族内で犯罪を起こしたら、どんな人間でも部族の法で処罰される。アムドの牧畜社会では人命は高い価値を持つとされているため、殺人罪はほぼ例外なく重い犯罪として扱われている。ただし、他人を殺したら犯罪として処罰するということについてはアムドの遊牧社会ではおおむね共通しているものの、細かなところでは中国の法律と扱いが異なる部分がたくさんある。

　チベットでは、1950年以前はもちろん、現在でも社会の中で習慣法は強い影響を及ぼしている。中国政府は少数民族や自治地域の人々に対して、1949-56年は旧来の習慣を尊重し、1957-65年の間では軽視し、1966-76年には排斥した。1977年以降は改革期になり、1986年2月、中国の国家民族委員会は「少数民族の風俗習慣問題を慎重に取り扱うことに関する通知」を実行した。さらに2000年からは地域の事情に合わせて開発などを進める政策を行ってきた。2000年4月、青海省黄南州チベット族

自治州は賠命価を禁止する決定をした。各県の県司法局に調解委員会が設置され、民間で有名な仲裁者も参加することになった。それによって、現行刑法だけではなく習慣法による解決にも国家の司法が介入して管理するようなった。

　しかし、チベットの牧民は現在もまだ習慣法に従う傾向が強い。その理由についてある牧民は、政府がいつか改善されて腐敗などがなくなり、公平で信用できるときが来たらそれに従うと語った。地方の司法などの機関は腐敗していて、金やコネクションで解決されることが多くあったのである。もう一つの原因として、法律の本の多くは中国語であり、牧民は理解できないという部分もあった。今までは、政府の役人でも習慣法に従って調停することもあった。争いの解決の場面に登場してくるのは高僧や長老などが多い。アムドの牧畜地域では国家の法律とともに慣習法が依然として実行されている。婚姻や喧嘩、村と村の間の争いなどほぼあらゆる問題は今も慣習法に従って解決される。

5．牧民の移動性

　牧民は黒テントで生活し、季節によって移動する生活を送ってきた。ヤクの毛を織って作られた黒いテントを中心として宿営地を設定し、そこを拠点として周囲の牧地で日帰り放牧を行う。営地に移動する時間は非常に厳格に守られ、各地の気候などの条件によって、決まった移動のタイミングがある。昔の部族時代は、各営地に移動する前に会議があった。部族長が決定した後で、具体的な時間については占い師が決めた。

　移動のときには前日から準備をするが、その際、物の片付けは非常に厄介なことで、革袋（ジョ）のバランスをとってヤクに載せ、食器などの音が出ないようにしなければならない。準

写真 5　調査地の牧地の地形

備が完了後、全家族が揃い一緒に食事して祈る。出発前夜は雨が降ってもテントを畳んで外で寝る。夜明け前に、ヤクに荷物を載せて20-30キロメートル離れた移動先にゆっくりと向かう。目的地に到着するまでに他人の家畜の群れと混じらないよう注意する。

　新しい営地に着いたら荷物を降ろし、家畜に草を食べさせ、また犬を繋ぐ。まず黒テントを張って、荷物や家具などを中に置く。その後は仮のかまどを作り、お茶を作り、そこの土地神や地主神に捧げてから、皆で食事をする。この初の食事は「ツェチュ（mtsher chu）」という。　それから女性がかまどを作り「ダン（rdang）」と呼ばれるヤクを繋ぐ長い紐を固定し、家畜の寝る場所を作る。これらができ上がると新しい営地の生活が始まる。

　春は、草がなく家畜の体力が一番衰えているうえに、羊の分娩の時期でもある。放牧する際には家畜をゆっくりと追い出す必要がある。なるべく近いところで放牧することも望ましい。草が不足する場合には、家畜にツァンパやパンを食べさせることもある。このとき、「家畜が患者、牧民が医者」という諺があり、「患者」の面倒を見るように家畜の世話をする。春営地（シサ dpyid sa）は牧地の中で一番暖かくて草が早く生えると

ころを選ぶ。この時期、雪害などで家畜が餓死することも多いが、やせ衰えた肉なので食べない。

夏営地（ヤルサ dbyar sa）での放牧は、比較的標高が高くて寒いところで行う。冬の雪がなかなか溶けない場所を優先的に利用する。家畜が生育する時期である。

秋になると秋営地（トンサ ston sa）に移動する。そこは夏営地より暖かい場所である。草が足りないときには1ヶ月程度、家畜がまだ食べていない良草のある場所で共同放牧をすることもある。共同放牧の場合、各世帯から1人が従事する。一時的な共同放牧をするとき、その従事者を羊の場合はリクワ、ヤクの場合はソワという。

冬はチベット高原の一番長い季節であり、家畜に害を及ぼすことが多い時期でもある。したがって、谷や山の下などの暖かいところに移動させる。

1980年代以降は、主に夏営地—秋営地—冬営地の3つの営地を移動したが、現在メシュルで放牧をやっている家では、牧地請負制度により自分の土地を冬春と夏秋の2つに区分し放牧している。1年間に3回移動する場合には、普通は5月下旬から6月初めに冬の営地から夏の営地に移動する。秋になると、8月下旬から9月頭に秋営地に移動する。10月上旬に冬営地に移動し、12月から5月の間は冬の営地で暮らす。

1年に2回移動する場合は、移動時期は毎年だいたい決まっており、10月に冬春営地に入って6月に夏秋営地に入る。ヤクと羊の群れに分けてオス・メス混合で放牧し、ヤクの子が生まれてから3ヶ月後に分離して放牧する。数年前から一番数が多かった羊が大幅に減っている。その理由としては、後述する移民政策によって管理がうまくできなくなったか、毎年たくさん羊を売らないと草が足りなくなるという一方で、家畜を売ることについて仏教的な罪の意識を伴っているためであろう。

表 4　地形による草の種類

カタカナ	チベット語	特　徴
ナフツァ	na rtswa	湿地の草、量が多くて密生する。ヤクがよく食べる
ニンツァ	nyin rtswa	日当たりの良いところの草のことで羊が好む
シプツァ	srib rtswa	日当たりが悪い山の北斜面の草。丈が長く密生する
スパンツァ	spang rtswa	固い地面に生える短い草。食べにくいため、春夏は食べない。秋冬に乾いた状態のものを家畜が舐めて食べる。ヤクが好む
ナクツァ	nags rtswa	森林や林に生える草。チガヤや雑草が多い。一番質が悪い草
ザツァ	rdza rtswa	高所の草。草の芽が萌え出るのは遅い。夏に食べる草
ツェツァ	mtsher rtswa	営地の周辺の草。雑草が多い。種類は場所によって違う

　地形の高低により牧地の草もいくつかの種類に分けられる。草の質や牧地に対する牧民の認識は表4の通りである。

6．小　結

　アムドの牧畜社会では、中華人民共和国が成立する以前、地方の領主や僧院による支配が続いた。各世帯は部族のルールと義務をよく守りさえすれば、部族から保護された。法会や祭りなど、宗教的な儀式は部族にとっては最も重要な活動であり、宗教活動など大事な仕事は成員とリーダーが相談して決めたのである。1950年代以降は伝統的な権力はすべて解散させられ、共産党の党支部などによって構成される政治システムに変化した。しかし、現在もまだ伝統的な儀礼を行うときは、伝統的な権威者が重要な役割を果たしていることが明らかになった。

　伝統的な部族社会の特徴として挙げられるのは、①牧地共有制、②家畜の私有、③季節的な移動、④基本的には自給自足、ということである。かつて牧地は共有であったが、移動範囲は村ごとに決まっていた。また、チュダクと呼ばれる牧地の管理

人が決めたタイミングに従って営地を移動した。

　1997年からは牧地を再々分配し、個人所有になると分配された牧地で別々に住むようになり、血縁や地縁に基づく部族的紐帯は弱体化した。大きな部族は2つの州や県などに分けられて管理され、国家機関や行政機関によって意図的に弱体化させられた。部族社会を考える際に最も重要な点は、国家システムの中に巻き込まれながらも、なお独自の部族的紐帯を維持していることである。しかし、移住や定住後、他の親族集団やラカと移住先を交換して親族を中心に寄り集まって居住する傾向も強い。

　牧畜の仕事の特徴に合わせて、男性と女性の分業も明確に行われてきた。しかし、近年市場経済の影響により男性の仕事は減少している。そういった中、男性ももともと女性の仕事であった育児や一部の家事の手伝いをするようになりつつある。一部の男性は、牧畜の仕事を妻や子供など家族に任せて、自分は町に出稼ぎに出ていることもある。女性の仕事の多くは搾乳や乳製品の加工が占めている。

　かつての交易は物々交換が主であったが、貨幣経済が深く浸透してきた現在は、特に西部大開発に伴う雇用の増加や冬虫夏草の採集によってさらに生活は物質的に豊かになった。その一方で、牧民の自給自足的な生活は破壊され、多くのものを自ら生産する機能を失い、外来から持ち込まれた物質に頼るようになってきている。

　牧畜における移動性は自然環境に適応しており、季節ごとに部族共有地の中で決まった場所へ移動してきた。以前の伝統的な放牧形態では春営地—夏営地—秋営地—冬営地の4つの営地を移動した。しかし、1980年代に牧地請負制度によって各家庭に牧地が分割されたため、現在メシュルで牧畜を継続している家では、自分の管理する土地を冬春に放牧する牧地と夏秋に放

牧する牧地の2つに区分し放牧している。かつて4回移動してきた牧民が半定住化していることは明らかである。伝統的な放牧形態をやめることによって牧地資源の劣化もさらに進んでいる。

　これからの世界中の牧畜の行方を見ると、多くの牧民は定住化し、それらの変化に応じて職業を転換してきた。アムドの牧民も、変容のスピードについて行けない人々が多数いる。

註：

1)　ヤクは調査地ではノル（nor）またソク（zog）という。それはヤクやゾなどウシ科の総称である。

2)　ニンマ派のンガクパが40人ぐらい集まって5日間お経を唱えながらチャムを舞う。チャムは仮面を用いることが多いが、このチャムは黒帽子をかぶった人が、面をつけず次々と登場し、輪になって舞う。

3)　山の神の祭である。メシュルでは特定の山に神が存在すると信じられている。毛を織って作った紐と、木で作った刀と盾にいろいろな色を付けて、山の神アニェトンツェを祀る。

4)　8月の競馬会はメシュルの牧民にとって一番盛大な祭りである。日常生活ではオートバイの使用が多くなったものの、全部で200頭ぐらいの馬が競馬に参加する。第1回は村の中で競馬をする。男たちはサンを焚いた後でグループを分けて競馬をする。第2回はメシュル鎮全体で競馬を行う。勝った馬はさらに県が主催する競馬会に参加する。競馬会のときに山歌コンクールとチベット相撲などの試合もあり、馬の売り買いもする。この祭りは大きな市場でもあり、たくさんの商品が売り買いされる。

5)　「斎戒（穢れを落とす・清め）」の行事は、大テントを張って村民はマルク（バターを融かしたもの）とジョマを作って大規模に行う。

6)　地域によってバと呼ぶこともある。

7)　チベット料理に用いられる動物は偶蹄類に限られ、馬、ロバ、犬

や、蹴爪のある鶏などの鳥類は食べない。また、魚類、甲殻類、貝類、両生類なども食べない。ただし、近年、若いチベット人の中には、中国料理としての魚やエビなどの料理を食べる者もいる。

8) チベットの英雄叙事詩である物語の主人公の名前である。

9) 冬虫夏草は、チベット高原やヒマラヤ地方の海抜 3000m から 4000m の高山地帯で、草原の地中にトンネルを掘って暮らす大型のコウモリガ科の蛾の幼虫にキノコの菌が寄生することで発生する。中国の行政地域でいえば、チベット自治区、青海省、四川省を中心に、雲南省、甘粛省、貴州省などでよく見られ、夏に採取されている。

第 3 章

中国共産党のもとにおける社会変容

1. 前史──馬軍閥による弾圧と反抗

アムドの牧畜の歴史の中で、村と村、部族や部族などの間にはしばしば殺戮と戦闘があった。また、外部から来た異民族の支配も相次いであった。中華民国時代、馬家軍は1949年まで甘粛、寧夏、青海など西北の大部分の地域を支配していた軍閥であった。しかし、当時の牧民の社会組織は、依然として伝統的な軍事組織の形式を保持していた。氏族であれ、百戸や千戸であれ、すべての牧民は「軍人」という条件を整えていた。各部族や各民族の間で生じた争いは自分自身の軍事組織や武力に頼って解決していた。それ故に、40年間の馬一族による支配には武力で対抗することとなった。馬軍閥は武力で抵抗を鎮圧し、種々雑多な税を課し残虐に統治した。人々を殺戮し家畜などの財産を略奪することもしばしばあった。

馬歩芳（1903–75年）は、中華民国時代に青海地方を支配した回族[1]の軍閥、馬家軍の長の一人で、寧海軍を結成した馬麒[2]の子である。1938年から49年に青海省政府主席を務め、「青海王」と呼ばれた。「回民族軍閥の馬麒、馬歩芳（馬麒の子）軍はラサ政府の派遣軍やチベット土司を打ち破っただけではなく、アムド全域を制圧する過程で、チベット・モンゴル両民族の心のよりどころである仏教寺院を容赦なく破壊した。そのため、チベット回両民族は民衆レベルでも互いに殺しあった」（阿部 1998: 2）。青海省のゴロク地域の各部族を7回にわたって残虐に弾圧し、人を殺害し、家畜を略奪、寺院5座を破壊した。また、玉樹地域でも各部族の弾圧を行った（陳 2005: 216–223）。

清末、チベット人やモンゴル人による伝統的な茶馬貿易は毛皮交易に置き換えられ、最も活発な経済活動の一つとなった。毛皮貿易は内陸や西北部の人々の間の相互接触を強化させただ

けでなく、西寧やトンコル（湟源）、同仁県などの毛皮の市場
も拡大した。外国商人も安価な原材料を多く買うようになった。
しかし、その貿易も徐々に馬歩芳が独占した（杨 1990: 19）。

　支配された各地域は馬軍閥に税金を支払うことになった。
1916年から人頭税は草頭税に変わり、毎年秋に1回支払うこと
になっていた。それは1941年から建設税に改称された。青海省
は8区に分けられて税を徴収された。税率の計算方法はその地
区と馬歩芳個人の関係によってさまざまである。銀の他、主と
して羊毛とヤクの皮などを徴収した。例えば、1947年の青海省
牧畜地域では税として、羊毛750万キロ、ヤクの皮185万枚、銀
貨約1.3万元、子羊皮10.1万枚及びその他として野生動物の皮、
薬材などの多種を徴収した。役人は腐敗しており人々は安心し
た生活を送ることができなかった（陈 2005: 166）。

　1937年9月、ゼコ県ホル（和日）ディツァン氏族が馬軍閥に
数年間の税を滞納したということで、馬軍閥が軍を派遣し40人
の牧民を殺した。さらに1000頭のヤク、2万頭の羊、500匹の
馬など村のすべての家畜を奪った。ある牧民によれば、帰る途
中で、メシュルのノルゴ氏族の人々の反抗によって馬軍閥の指
揮の軍人など7人が殺された。そのため、この氏族の全員が追
放され、ばらばらにされた。またその事件によって、メシュル
部族は殺された7人の軍人に対する賠償を要求され、家畜や財
産を大量に没収された。

　1937年の当時ラサにいたこの村の（アムドで有名な英雄であ
る）ジクセ氏は数年後村に戻り、ばらばらにされた村人を集め
る活動をし、主に狩りなどをして生活の援助をした。集まって
きた人々はテントを持っていないので、大きなテントを張って、
中に5つのかまどを設置して共同生活したという。1957年、こ
の氏族には40世帯が集まり200人がいた。

　1937年、馬軍閥はメシュルの森林を伐採するため700人を強

制的に集めて、伐採された木をメシュルの河に投げ込んで輸送
するよう命じた。食事や道具などの不足により１年間で30人が
死んでしまった。それを原因として、労働者たちは仕事を停止
し抵抗した。すると馬軍閥は貴徳と西寧から２つの軍団を派
遣し、14部族を弾圧して600人ほどを殺害し、家畜約１万頭を
略奪した。タルジャをはじめとする他の多くの寺院も破壊され
た。それらの部族を支援したということで、馬軍閥はメシュル
の人々の家畜を略奪した（'jigs med theg mchog 1988: 61)。「イ
スラム教徒で構成された寧海軍は仏教に何の価値も認めなかっ
たから、戦闘のたびに各地の末寺を焼き、破壊し、寺の財宝を
奪った」（阿部 1998: 3)。

　中華民国期、馬軍閥による支配は40年間続き、馬軍閥による
弾圧や重税により多くのアムドのチベット地域では、牧民や農
民が大きな被害を受けた。

２．アムド地域における　　　　社会主義とその影響

2.1　集団化の時期から大躍進時期

　中国共産党による革命後、集落や集落連合が生産大隊となり、
人民公社が成立し、部族の首長や宗教的な指導者や権力者は排
除された。社会主義に基づいて人々の財産や家畜、テントなど
すべての所有物は没収されて国家の所有へと転換された。共産
党による集団化の初歩的な段階である合作社の組織は50年代初
めに作られたが、1958年に毛沢東国家主席の主導の下に人民公
社が組織されると農牧業は大きな変化を遂げた。沢庫県誌によ
ると、1958年８月、中国共産党中央委員会が「農村における人
民公社の設立の問題の解決について」を発行した。９月中旬、
ゼコ県で人民公社が設立され、前進、紅旗、幸福、衛星、友好

などの名を付けられた6つの人民公社と55の生産隊、322の生産小隊が作られた。生産は人民公社・生産隊による完全な集団経営方式になった（泽库县志编委 2005: 20, 57）。

　最も基礎的な生産組織は生産隊であり、集落規模は生産大隊、生産隊を合わせて人民公社とし、生産手段の公社所有制に基づく分配制度が実行された。メシュルでは1958年9月に人民公社が成立した。伝統社会の集落の首長や宗教的な権力者を排除し、牧民のすべての家畜と財産を没収し人民公社所有とした。当時、メシュルの富裕層に属するトンドプ氏はヤク220頭、ゾ20頭、羊500頭、山羊30頭、馬30頭を持っていた。また、貧困層に属するリンチェン氏はヤク30頭と馬2頭を持っていた。しかし、財産の多少にかかわらず、すべてが没収された。

　人民公社では、「食料は公社から現物支給され、あるところでは集団食堂が開かれ、家庭で炊事をすることは許されない。それに伴って鍋や包丁が持ち去られる。副業は奪われる。もっとも貧しい人の仕事であった牛糞をひろって売ることすら許さない」（阿部 1994: 15）。当時人民公社の食堂の料理人の仕事をしていた女性（81歳）へのインタビューによれば、4人の料理人によって100人以上の人に、毎日3回料理を用意した。料理人は指示された分しか作ることができない。最初、1958から59年まで食べ物に制限はなく自由に食べることができた。しかし、1年後には食べ物は不足し、食事は制限された。

　1960年から、労働者の場合は朝食と昼食に、ツァンパ（大麦の粉）75グラム、バター50グラムが支給され、非労働者には朝食と昼食にツァンパ25グラム、バター25グラムが支給された。夕飯は牧民が家畜にも悪いとされているいくつかの野生の雑草（ldum bu）でスープを作って食べたという。それも労働者には柄杓に2杯、非労働者は柄杓に1杯と決まっていた。当時専用組の組長の仕事をしていたハカルジャ氏への聞き取りによれば、

労働者の仕事は以下のように3つに分けられていた。

①　放牧組：ヤク組と羊組の2つに分けられ、ヤク組と羊組は放牧や畜産物の生産を担当した。家畜の年齢や雌雄などに基づいていくつの集団に分けられて放牧された。計画的に乳や毛皮などを上級機関に納めた。畜産物は都市部へ運ばれた。多数の牧民が放牧の仕事をした。

②　運搬組：当時、同仁県などへヤクを連れて行って穀物を運搬する仕事をした。

③　専用組：仕事の中心としては家畜を囲う土塁を作ることである。牧地の開墾の作業もしたという。ゼコ県にかけて約10年間で、長さ123キロメートルの囲いを作った。

1956年、青海省行政局は、食糧生産の大基地にするために、山東、河南、河北、北京、天津などから第1次移民として6万9千余人を受け入れた。第2次移民は1959年から60年にかけて河南省から9万8000人の「青年突撃隊」の名前で連れて来られた。

1958年以前、ゼコ県は純牧畜地域で、農耕活動はほとんどなかった。1958年、ホルとメシュルなどで政府が組織的に開墾し農耕を始めた。1959年、ゼコ県の社会主義の建設のために1006名の河南省平候県の「青年突撃隊」が来た。彼らは牧地を開墾し、アブラナや大麦、燕麦などの農作物を栽培した。それと同時に、道路の建設もした。1960年再び1040名の「青年突撃隊」が来て、さらに開墾を進めた。多くの人は牧地でのテント生活や食べ物、環境に慣れず逃走した。1960年代初期には食糧の不足が原因で、多くの隊員らが飢えて死んだ。良好な牧地は開墾され、牧畜業は時代遅れの生産方式であるとされ多くの家畜が死んでしまった。そのときチベット人居住地域の他の牧畜地域や内モンゴル、新疆などでも開墾が行われた（リンチン 2015: 185）。

メシュルの村人であるトラブン氏は、1970年頃に牧地を開墾して大麦を作る畑に派遣された。最初はメシュルの平坦地を開墾し、大麦の栽培を試みたが失敗した。その後海抜が3000メートルの土地で大麦の栽培に成功し、それと同時に放牧をした。

2.2　文化大革命

　1966年から76年までの10年間にわたって、中国では文化大革命という熱狂的な大衆政治運動があった。それは毛沢東自らが発動し、中国では「無産階級文化大革命」といわれた。「造反有理」（謀反には道理がある）を口々に叫んだ紅衛兵（マルソンマク）運動に始まり、指導者の相次ぐ失脚、毛沢東絶対化という一連の大変動によって、中国社会は激しく引き裂かれ、現代中国の政治・社会に大きな禍根を残して挫折した。牧畜地域でも、紅衛兵の下で文化大革命が推進された。

　文化大革命の中では、「四旧運動」（旧思想、旧文化、旧風俗、旧習慣）という伝統的文化を否定する運動が行われた。それは「宗教を破壊し、統一した無神論の共産党の社会主義を建設するためであった」（Goldstein & Beall 1990: 353）。僧侶が僧院から追い出され、文化遺産は破壊され持ち去られた。宗教的リーダーや伝統的リーダーたちをはじめとする多くの人が逮捕された。

　文化大革命期に「農業は大寨に学ぶ」運動は中国各地で開かれた。青海省のチベット人牧民地帯はそれに追随して「牧畜業は大寨に学ぶ」という運動を行い、家畜頭数増加の盲目的追求が行われた。1975年と77年、青海省の「牧畜業は大寨に学ぶ大会」はゼコ県で開かれ、青海省各地の1080名の代表が参加した。1964年、ゼコ県には各類母蓄家畜が総数の35.32％を占めた。さらに1970年から78年にかけて、繁殖率が高まった。1978年母蓄の数は家畜総数の38.25％を占めた（沢庫県志編委 2005: 267）。

　ゼコ県で飼われているチベットの羊は、毛肉兼用種の一種で

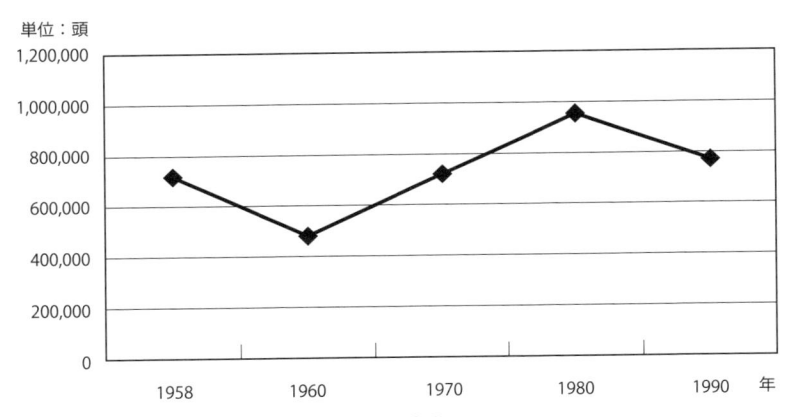

単位：頭

図 4　ゼコ県における家畜の頭数の変化

出所：澤庫県志編委（2005）により筆者が作成

あり、寒さに強いのが特徴である。しかし、人民公社化後は羊毛を大量に生産するよう要求されたため、繁殖率を高めて 1 年間に 2 度出産させた。その後、さらに改良することによって、羊の頭数や毛皮の生産を大幅に拡大することとなった。1958年、ゼコ県は国からもらったソ連産の 6 頭の種馬と新疆種の228頭の種羊を相次いで導入して、家畜の品種改良を試みた。

　元改良羊の獣医だったインフォーマント（76歳）によると、1970年代、ゼコ県の羊の改良の速度が速くなっため、羊の群れのシステムに大きな変化が生じた。一部の村では、チベット羊の種羊はすべて淘汰され、一部の雌羊のみ残した。1979年は改良のピークであり、ゼコ県には150名以上の人工授精の役人がいた。インフォーマントは1970年新疆に行って、半年間家畜の人工授精などについて勉強し、地元に戻ってから毎日人工授精の仕事をして羊の改良を行ったという。「改良羊」の管理はしにくく子羊の生育率も低く、またその肉も美味しくないため、牧民には好まれなかったという。

　沢庫県誌によると、1979年に改良羊の数は約47万頭であり、

全県の羊の62.7％を占めると指摘されている。しかし、1980年以降、家畜や牧地が個人配分されると、牧民はすぐ「改良羊」から在来のチベット羊に変更し、1995年になると「改良羊」はわずか10％になった（澤庫県志編委 2005: 147）。さらに、2015年メシュルでは、新疆種の「改良羊」は１頭もいないことがわかった。

　1960年代から70年代にかけて、家畜の増加をあまりに追求しすぎた結果、家畜の数は大幅に増加したが、過放牧や開墾によって牧地の負担が重くなり牧地退化や砂漠化が進んだ。

　「草庫倫とは囲い込み牧地のことで、内モンゴル自治区烏審召人民公社が開発したものである。1973年夏、多福頓（メシュル）人民公社がはじめて草庫倫を建設した。冬の大雪にも関わらずここでは、草庫倫で放牧して１頭も死なせかった。このため草庫倫建設ブームが起こり、1973年末の１万1300余ムーが、1974年には87ヵ所、３万3000余ムーに拡大した。1975年上半期には更に243ヵ所14万ムー、工事土石60余万平方メートル、囲い総延長600余キロに達した」（浜 1977: 4）。

　1963年、黄南州牧地工作センターがメシュルに設立され、牧地の管理の仕事を開始した。また、「1983年10月に、牧畜地域に全面的に『青海省牧地管理試行条例』が実施された。1985年には『中華人民共和国牧地法』が発布し施行された」（澤庫県志編委 2005: 110）。

2.3　伝統的牧畜への回帰とその意味

　毛沢東の死後、1978年の共産党11期３中総会以降、経済政策の転換がはかられ、鄧小平の時代には「改革・開放」のスローガンを揚げて、経済建設の道を歩み出した。そうして社会主義計画経済体制から社会主義的市場経済体制への移行が始まった。

　調査地では、1984年に家畜と牧地の個人所有が実現し、牧地

請負制度が導入された。その後生産請負制度が施行され、冬営地に固定住宅をもうける半定住化的な牧畜の形態になった。1997年分配した牧地請負制度とは、集団所有の牧地を50年間の契約で各世帯に配分し、その使用権を与えるというものであった。このように牧地利用に対する法律は変化したが、村と村との牧地をめぐる争いは現在まで続いている。その解決は伝統的な仕方で行われる。

　家畜管理が個々の家によって行われるようになった後、再び牧畜業の作業は家族のメンバーの間で分担されるようになった。男女の分業も再び明確になり、女性の仕事は搾乳、乳加工、そしてテント周りのその他のすべての作業である。男性の仕事はテントから離れ、放牧、貿易、穀物の運搬の作業を行うことである（Manderscheid 2002: 276）。

　家畜が私有化されたとき、家族を単位として分配された。牧民は27年後に、再び放牧の生活に戻るようになった。牧地は共有ではなく配分されたが、牧民は季節によって家畜の群れを管理し、伝統的な形の牧畜を行った。

　「宗教的自由や経営の自由の回復は牧民の生活レベルや平和的な内部社会の構成に大きな影響を与えた。牧民たちの経済の一部である食糧やお茶などの個人的な商売は、文化大革命の時期に禁止されたが、新しい経済政策の下で、早く回復した」（Goldstein & Beall 1990: 105）。牧民は放牧活動を再開するとともに、宗教的リーダーも儀礼などを復活させる活動をし、お寺の再建設も行った。

　しかし、牧民の家畜が私有化されて間もなく、雪害による被害が起こり大量の家畜が餓死した。1987年には雪害によってゼコ県で25万頭が死亡し、死亡率は27.18％に達した（沢庫県志編委 2005: 250）。筆者の体験として忘れられないのは、1993年の春、雪が降り続いて故郷一帯の家畜の半分が餓死したときのこ

とである。死肉は嫌な味で食べることができないので、雪解けがくると牧地のあちこちで死臭がした。雪が続いたので干草がなくなり、ヤクにはバターを溶かしたお湯を飲ませ、羊には小麦粉を練って与えた。しかし、それにも限度があった。そのときは、政府は家畜の死亡数の統計をとらなかったが、メシュルの部族長によると死亡率はおおよそ48％に到達したという。現在は、雪がどんなに降っても農業地帯や市場からハダカムギのわらなどを購入できるので、大きな損害は出にくくなっている。

　一連の中国政府による政策や特に文化大革命時の紅衛兵による損害によって、役人に対する印象は非常に悪い。そのため、改革・開放時代、役人の仕事は評判が悪く、役人になろうとする人々は少なかった。

　　［事例］
　　文化大革命の当時、リコ氏の勤勉さは政府から評価され、いくつかの賞をもらったことがあったという。彼は多くの大会で表彰されたため、1980年代、政府から役人の仕事をしてほしいと要請された。彼自身は政府の役人になりたかったが、彼の祖父や父をはじめとする家族が同意しなかった。そのとき彼の父は、「労働改造」に自分が行っても構わないので、役人にはならないでくれと願った。その後、村長に相談してリコ氏の代わりに別の人に役人になってもらった。

　最近では、チベットでも高等教育を受ける者が増えていく中で、役人になることが有利な生き方だという考えも広まっている。「役人や教師といった職業への評価の高さは、そもそも村人が仕事と呼ぶものが、実質公務員に限られていることからも分かる。ある意味、出稼ぎは勿論、農業や牧畜のような伝統

的な生業でさえ「仕事」の内には含まれないのである」（棚瀬 2015: 285）。かつては、役人や学生にならないための努力をしたが、現在は逆に高等教育を受けて公務員を志向する者の数が増加している。

3. 小 結

　以上、アムドの牧畜地域における人民公社や文化大革命時代について論じてきた。経済制度の変化については表5の通りである。

　第1の段階は、1950年以前のチベット牧畜社会の時代で、独自の生活形態と生産様式を発達させてきた。アムドのチベット社会が中国に組み込まれる前は集落共同体の自治制度が支配的であった。しかし、中華民国期、馬軍閥による支配の40年間、馬軍閥による弾圧や重税により牧民や農民が大きな被害を受け、当時の社会の組織や牧畜のシステムは大きな影響を受けた。

　第2の段階は、人民解放軍による領域の「解放」時期である。1958年から80年代初頭までの期間は集団化時代と呼ばれる。その中、1958年から61年までの間、中国政府は農業・工業の大増産政策である大躍進政策を実施した。その年にアムドのチベット地域で反乱が起きたが、鎮圧され家畜数も減少した。それは

表5　各時期における経済制度の変化

	経済制度	時　期	特　徴
1	部族	1950年代以前	牧地は集落共有、家畜は牧民私有
2	人民公社	1950年代から1980年代初期	牧地・家畜共に人民公社所有
3	家畜請負制	1978年から1990年代初期	牧地は集団所有、家畜は牧民私有
4	家畜・牧地請負制	1994年以降	牧地の50年間請負制、家畜は私有

多くの人が餓死することにも繋がる。1970年からは生産の拡大によって過放牧になり、牧地の退化を生んだ。さらに牧地の乱開墾を行ったことにより、黒土化や土壌流失の現象が生まれ、家畜数が減少した。

第3の段階は、1970年代後半から鄧小平の下で開始された改革・開放政策期である。その結果家族を単位とする放牧が再開した。集団化や改革・開放の2つの政策によって、チベット高原の牧畜生産システムは完全に変化した。

伝統的な牧畜への回帰によって、長らく共有的だった家畜は私有となり、牧民は夢であった伝統的な放牧活動を再開することができた。それによってある程度、牧民が思った通りに家畜に依存し、放牧活動を行う生活をすることが実現した。また、伝統的な放牧システムの復活によって、自給自足的な生活を送ることができるようになった。そして、宗教的自由や経営の自由の回復により、宗教的リーダーも儀礼などを復活させることができるようになった。

註：

1)　中国最大のムスリム（イスラム教徒）民族集団である回族は中国の少数民族の一つで、回族とされる人々は、言語・形質等は漢族と同じだが、イスラム教を信仰する。青海省の回族人口は74万人で、全省人口の14.52%を占める。化隆、門源回族自治県と民和、大通回族土族自治県、西寧市、湟中県、祁連県などに分布する。都市部の回族は商業を得意とし、牛羊肉の販売や皮毛加工、飲食業に従事する。青海における回族先民の活動は唐、宋時期まで遡るが、多数の回族が青海に移住してきたのは元代である。回族は漢語を話すが、一部地区ではチベット語を話す者もいる（喇徳 2009）。
2)　馬麒（ばき）は清末民初の軍人。「寧海軍」と呼ばれる軍を率いて、民国期において馬家軍の勢力基盤を確立した人物である。回族。

第4章

生態移民、定住化プロジェクトによる変容

1. 生態移民、定住化プロジェクトの実施

　本章は、青海省の「三江源」（長江・黄河・メコン川の水源地帯）地方を対象に、そこで実施された環境保全と反貧困を目的とする移住政策についての調査を通じて、チベット遊牧民社会がどのように変わったかを分析しようとするものである。

　「三江源」と呼ばれる地方はアジアの多くの大河川の流れ出す河源でもある。チベット高原は牧地の豊かな自然の景色とそこに暮らす牧畜民の伝統的な牧畜文化の魅力故に、観光地が多いところでもあるが、海抜が高くて寒さの厳しい環境でもあるため、中国側はその多くの地域を「生命禁区」として、人間が居住する条件に適しないとしている。しかし、昔からここに居住してきた住民は厳しい自然と戦って生活してきた。

　1950年代の人民公社化に続いて、青海省のチベット人牧民地帯では文化大革命期の「農業は大寨に学ぶ」運動によって家畜頭数の盲目的追求が行われ、生産の拡大によって過放牧になり、牧地の退化を生んだ。さらに1980年代からは、人口の拡大によって牧地の乱開墾が行われ、過放牧とあいまって黒土化や土壌流失の現象が生まれた。その後生産請負制度が施行され、冬放牧地に固定住宅をもうける半定住的な牧畜の形態になった。

　1990年代以降、長江下流域での河川災害などの自然災害や、黄河下流の断流などが発生するようになった。その現象の原因が中央政府によって「三江源」地域の植生の荒廃によるものと断定され、環境保護を名目として「三江源」（地図 3 参照）の水源地帯は2003年から「三江源国家自然保護区」に認定され、主たる対策として「生態移民」と「定住化」のプロジェクトが実施された。この政策によってチベット人居住地域の町などに移

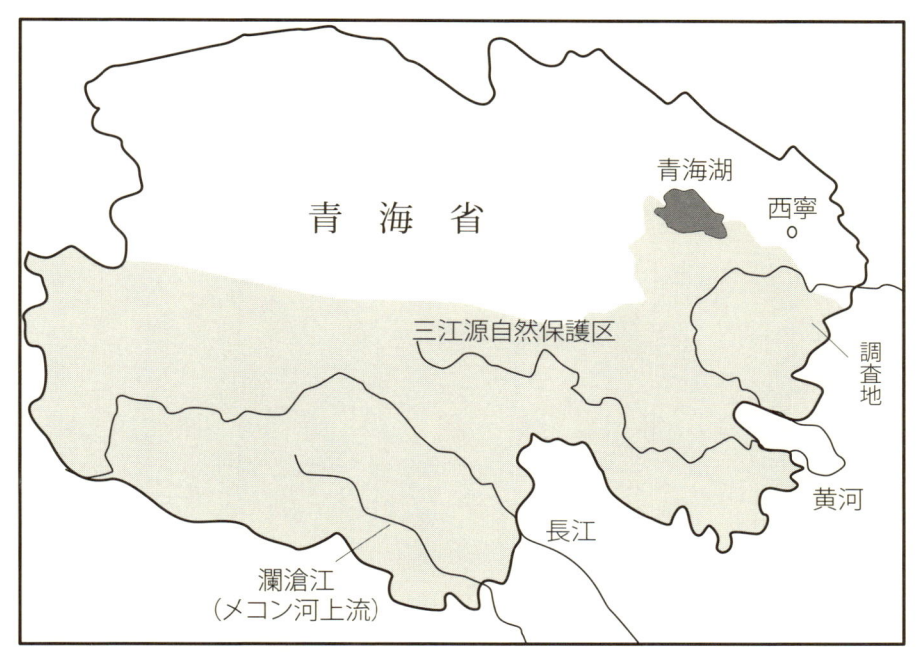

地図3　青海省三江源自然保護区の位置

　　民村が設置され、相次いで政策対象牧民を移住、定住させた。

　　新中国成立後の1958年から83年まで、人口の拡大や、新中国を建設するために政府に供出するようになった羊毛、皮革、肉類などの生産のため過放牧され、牧地の生態環境が破壊され「黒土化（牧地が荒れて土壌がむき出しになる状態）」が進み、土壌流失と牧地の退化が進んだ（何 2006）。このような状況の中で、牧地の生態環境の回復と牧畜民たちの生活水準の向上のため、また「三江源」下流の水害予防のため、牧畜民たちを牧地から離して別の場所へ移住させる「生態移民政策」が行われた。2009年以前、青海省牧民の世帯は約11万戸で、「生態移民」の対象は10万戸だった。うち、今に至るまでに7万戸が移住した（张 2012: 232）。

写真 6　定住村

　生態移民の政策が考えられた初期においては、生態回復に加え、貧困、ダム建設などの目的も掲げられていたが、特に生態回復に焦点が当てられるようになったのは、2000年代に入ってからのことである。この時期は、「西部大開発」[1)]が開始されたときに当たる。このように、地域住民の生活支援を主な目的とした2000年以前の生態移民政策に対して、「退耕還林」や「退牧還草」では環境の保全・回復を第 1 の目的とした（小長谷ほか 2007）。

　青海省「三江源」地帯における過放牧による牧地と森林への圧力を軽くし、遊牧民の生活水準を大幅に向上させる目的で、2004年から青海省政府により「生態移民」政策が実施された。さらに、2009年から「遊牧民定住化」プロジェクトが実施された。定住化プロジェクトは「生態移民」政策の目的と

表6　メシュル鎮における移住世帯の状況（2014年の調査による）

移民村の名	生態移民	定住化プロジェクト	所在地
セロン	69	330	メシュル鎮
ドロン	77	80	メシュル鎮
サンワ	50	130	メシュル鎮
ロンザン	71	90	メシュル鎮
クデ	30	48	メシュル鎮
カロン	0	60	メシュル鎮
シャゾン	130	270	メシュル鎮
メシュル	146	0	同仁県ロンウ古城
三江源新村	87	0	同仁県ネントホゥ郷ラカ
ゼコ県社区	7	0	ゼコ県政府所在地
計	667	1008	

　重なる部分がある。ともに都市や郷鎮に集中居住させることによって、教育、経済、インフラを向上させ、「小康社会」[2]を目指すものである。

　実施したプロジェクトの主な内容は、住宅建設、郷村道路建設、人畜の飲み水確保と教育、衛生・文化などのインフラ整備で、各家庭には住宅建設に3万元、生産発展資金として5000元、食料補助として3000元が与えられた（新華社西寧2009年10月13日電、記者駱暁飛）。メシュルでも移住者は引越し先の「三江源新村」の家に入居するにあたっては、政府に支払った5000元のほかは無償である。レンガの塀に囲まれた統一規格の間取りで、家屋の面積は75平方メートルある。生活用水は無料で、1戸当たり毎年約3000元と、16歳以下と55歳以上には1人1年間3800元の生活補助が支給されることになっている。

　表6は、メシュル鎮における2005年から始まった「生態移民」と2009年からの「定住化」プロジェクトによって移民、または定住させられた世帯の統計である。メシュルの6つの村からく

写真7　メシュル移民村

写真8　メシュル移民村

じ引きによってメシュルの1675戸、83％の世帯が相次いで10の移民村に移住または定住させられている。その中、233戸は村の委員会によって、同仁県（州政府所在地）ロンウ鎮の回族が多く住むロンウ古城の「メシュル移民区」と、ネントホゥ郷ラカにある「三江源新村」に移民させられたが、実際には少数の

写真9　①ドロン移民村、②セロン移民村、③シャゾン移民村（Google Earth より）

　世帯しか完全な移住をしなかった。牧民にとっては、レプコンの移民村の家はただ政府から援助してもらった家屋に過ぎなかった。

　例えば、2008年に成立したネントホゥ郷ラカの「三江源新村」を例にすれば、同仁県の北に位置し、同仁県政府所在地から1.5キロメートルにある。農業をしている土族[3]の村々に囲まれている。これは、チベット族が多民族の居住地帯に移住させられた例である。三江源新村は新しくできた移民村で、メシュル鎮の２つの村の87戸とシサ（dpyi sa）郷の３つの村の36戸、ゴンシュル（mgon shul）郷[4]の２戸の計125戸が移住した。2011年の移住対象の人口は520人となっている。しかし、2008年から今に至るまで実際に移住したのは30戸に過ぎない。幹部などが視察に来るときは、家族の１、２名が出向いて住んでいる様子を装い、その後元の村に戻ってしまう。一時的に村に滞在するのは、年末に支給される生活補助金を得るためである。

写真 10　三江源新村

　　［事例 1 ： A 氏　41歳、男］
　　妻が40歳で息子 2 人、娘 1 人の 5 人家族である。移民前
は放牧生活をしていた。
　　生態系が回復したら、牧地に帰郷して放牧が許されると
思い込んでいた。2008年、メシュル鎮政府はA氏の家を同
仁県「三江源新村」に移住させることに決めたので、348
頭の羊と40頭のヤクを全部売って遊牧の生活を離れ、同仁
県の「三江源新区」に移住した。彼は家畜を売った金のう
ち 8 万元で車を買って、私設タクシー運転手の仕事をして
おり、メシュルから同仁に毎日 2 回行っている。月収は
2000元ぐらい。2009年から妻は移民村で小商店をやるよう
になっている。妻の月収は1800元ぐらいであるが、毎月家
計は赤字である。元の村の葬式や祭りなどには帰郷して参
加している。

［事例２：Ｂ氏　37歳、男］

　６人家族で、移住前は67頭のヤク、205頭の羊を所有していたが、2010年に移住することになったので、全部売って同仁県の「三江源新村」に移住した。仕事については何をするかわからないまま移住した。しかし、移住したらロンウ寺院にいつも参詣することができ、便利だということで移住を決めた。移住した後も戸籍が以前のままなので、小学校に行っている２人の娘と中学校に行っている息子は戸籍の関係で同仁とネントホゥの学校に入ることができない。仕方なく親戚に頼んでメシュルの学校に通学させている。移住した後、Ｂ氏に定職はない。

　事例１と２のように、一部の牧民は、従来の放牧の生活を完全に放棄して移民村に移住した。生計維持のため、県政府はレプコンの町で新たな仕事をするように勧めているが、牧民たちの知識と技術はこれまでの牧畜業に限られているため、他の仕事をすることは困難である。多くの移民が何の技術も必要としない雑貨屋などをやっているが、ほとんどは商売がうまくいかない。出稼ぎの他、商人、ドライバー、運転手などをする人もいる。事例のようにメシュルでは家畜を売った金から車を買って、私設タクシー運転手の仕事をしている者もいる。

　移民村に引っ越すとき、政府は新住宅、道路、家庭の水道などのインフラ整備について補助したが、それにも自分が費用を出さなければならない。これはどの家も同じである。また、事例２のように同仁県に移住した移民たちは2008年から今に至るまで戸籍を変更していないので、同仁で入学許可が出ないという問題も生まれている。子供たちは元のゼコ県の戸籍に従ってメシュルの学校を通うことになる。

　メシュルの年中行事などには移民たちも帰郷して参加する。それらは仏教や自然崇拝と結びついているため、牧民にとっては非常に切実な問題である。

　［事例3：C氏　74歳、男］
　「ロンザン移民区」に1人で住む。引っ越す前は、衣食住は基本的に自給できたが、移住してからはあらゆるものを買わなくてはならない。食べものの変化がつらい。
　移民前には180頭の羊、50頭のヤクがいた。C氏の息子は妻と一緒に家畜を売った金でメシュルで食堂（だいたい麺類を出す）をやっている。息子夫婦の月収は3000元で、2人の孫娘はメシュルの小学校に行っている。この小さい食堂は成功したらしい。

　［事例4：D氏　45歳、男］
　「セロン移民村」に住む。妻は42歳。9人家族で、2008年に移住した。移民前は356頭の羊、82頭のヤクを飼っていた。放牧生活のときは、請負牧地が狭く、家族も多いため経済的に困難であった。移民後メシュルでミルクとヨーグルトなど乳製品（純ミルクで作る）を売る商店を始めたので、収入は以前より多くなった。その月収はだいたい5000元となり、好い生活に向かっているそうだ。この種の成功した移民は他にもいる。

　［事例5：E氏　47歳、男］
　2002年移住して来た。乳製品を牧民から購入し、それを使いバターやチーズを加工して移民村や定住村の人々を中心に販売している。自家製ヨーグルト、ミルクは500グラムを3元で買い、3.5元で売る。バターは28元で買い、30−

35元で売る。最近、定住村での乳製品の必要が高まり、その商売を行う人が増えている。

　多くの牧民は移民後、ビジネスチャンスを捉え、商売を始めることが多い。
　一方、移民村には賭博場がたくさんできて、ときには悲劇を生み出している。例えば、移住の前に売った家畜の代金20万元と、高利貸しから借りた60万元を賭博で失い、4人の子供と家族を残して逃げた者もいる。移民後、賭博で家の財産を使い果たし、貧しい生活をしている世帯はメシュルで10戸存在し、そのうち7人は離婚している。また、泥棒も増え、移民の生活は混乱している。

２．開発と適応

2.1　牧畜の継続
　牧畜を続ける者に対しては、鎮政府が家畜の頭数に対して制限をしていないため、形の上では移住したが、自分の土地で牧畜を続けている者もいる。2014年の調査によるとメシュルの人口の20％が移住したはずだが、移住対象になっているにもかか

表7　畜産品の値段　（2015 年の調査による）

家　畜	単　位	値段（元）	製　品	単　位	値段（元）
羊	1 頭	600	チーズ	500g	18
ヤク	1 頭	2200	ヤクの糞	500g	0.7
馬	1 匹	5000	羊の皮	1 枚	45
ヤギ	1 頭	260	ヤクの皮	1 枚	60
ヤク肉	500g	30（市場価額）	ミルク	500g	夏 3 冬 10 元
羊肉	500g	18（市場価額）	バター	500g	30
子羊の皮	1 枚	70	ヨーグルト	500g	10

わらず、牧畜を続けていたり、また、ある移住者によると、家畜の一部を売って、残りを親戚に頼んで放牧している者もいるという。一方、最近、定住した者の中でも再び牧畜をやり直して行うケースもある。それは、定住村で出稼ぎや商売などで失敗し、借金をすることになった人が、定住すると決まった家の家畜を売掛金の形で受け取って、自分の牧地に戻り牧畜を再開するという方法である。

しかし現在では、牧畜を継続している牧民も、昔のような自給自足的な生活はできない。また、多くの日用品を市場から購入しなければならない。牧民が売るときは値段が安いが、購入するときは高額を払うようになっている。

メシュルはまだ「完全な禁牧」とはなっていないが、移民や定住政策が実施されて以来、家畜の減少は激しく進んでいる。2008年のメシュルの家畜は26万頭であるが、2014年には約10万頭に減っている。現在まだ移住していない家では、移動のときに使う3頭くらいが雄ヤクで、その他は雌ヤクを飼育するという形をとっている。移民村の市場でミルクの需要が高まり価格が上がっていることから、雌ヤクの飼育頭数は減っていない。また、ヤクバターを仏間の灯明に用いることなどによって、牧民はヤクを飼うことについては、羊の飼育よりは「罪」の意識にとらわれない。ある牧民の例では、1頭の雌ヤクの牛乳から作ったバターとチーズ、ミルク、ヨーグルトの年間収入は400-500元であるという。

牧地は、ときには外来の害獣によって大きな被害を与えられることもしばしばあった。それらはヒマラヤナキウサギ[5] や高原モグラ、高原のハタネズミ、毛虫などである。特に、ヒマラヤナキウサギは牧地に穴を掘り、草の質を低下させる害獣である。牧地に対する被害の98%はヒマラヤナキウサギによると報告されている（宋ほか 2005）。

以前はその牧地に全くいなかったヒマラヤナキウサギが突然出てきて、牧地を黒土化させる被害が発生することがある。それは、チベット語で「アルマク」と呼ばれる「ヒマラヤナキウサギの軍隊」が牧地に移動して来ることによる。酷い時には牧地を劣化させて、そのため牧民は別の場所に移動しなければならないこともあった（nam mkha'i nor bu 1983: 17）。

　多くの害獣が発生した場合、かつての牧民の対応はそれらを殺すのではなく、「ナキウサギを戻らせる」というお経を唱えたり、自分たちがその牧地から離れることもあった。しかし、現在ナキウサギに対して、一部の牧民は政府からもらった農薬を使って殺処分していることもある。

　最近問題となっているのは、こういう殺処分の対応をする者が全面的ではなく一部の牧民に限られていることである。例えば、ある牧民は自分の牧地の多くのナキウサギを殺すため、2010年から農薬を購入し、それをナキウサギに食べさせて処分をした。しかし、周辺の牧民たちは農薬を使用しなかったため、翌年になるとまたナキウサギが引っ越してきた。

　2010年から多くの牧民が牧地を離れ定住村に移住した後、自分の牧地は他人に貸したが、その牧地はしっかりと管理できていないため、ナキウサギによる被害で黒土化が進行し、大きな問題となっている。ある牧地はナキウサギの被害を受け「黒土化」が進み、約半分は利用できない状態になっていた。しかしそれに対し、ある牧民はナキウサギの殺処分はしないと語った。理由については、仏教の不殺生の教えに基づくものと、もともと草原を管理する際に害獣を大量に殺処分した例がなかったからでもある。

　人民公社時代や文化大革命の時代には、乱開墾などにより牧地は劣化していたことが多く報じられている。それを回復させるため、政府側は害獣を殺処分するよう指示している。しか

し、政府側と牧民側のやり方は根本から対立している。政府側は、牧地の管理人が毎年各村で農薬を使うように指示しているが、多くの牧民はそれに反対するため、活動はうまくいっていないようだ。また、政府側の一番下部で働く役人はチベット人であり、彼らは政府側を誤魔化そうとし、毎年殺処分をしている振りをすることもある。しかし、殺処分することに対して反対しない牧地では実施されていることもある。

　牧地の質が毎年劣化することにつき、2015年、同徳県出身の高僧が呼びかけ、メシュルの牧地で増加しつつあるヒマラヤナキウサギを追いだすため、牧民が活動を行った。そこでは150人の人々を集め、３時間をかけて約１万近くの穴に餌をやった。ヒマラヤナキウサギが牧地の草の質を低下させないように、巣の穴に大麦などの餌をやるよう高僧が指示したからである。高僧も牧地を訪ねてそこでお経を唱えた。

　チベット高原の三江源の源流域に位置する牧地は、人為的な破壊や害獣、そして近年になってさらに冬虫夏草など漢方に用いる薬草の採集によって環境の破壊が進んでいる。害獣もさらに大量に発生するという。その点については楊らは、「過放牧による牧地の劣化により本種の好適生息環境が形成された結果、間接的に高密度化が生じると考える。換言すれば、ナキウサギの高密度化は、過放牧によって植生が劣化する方向へ遷移していることを示す一つの指標と見なすことができよう」（楊ほか2014）と論じている。

　こうした背景で、三江源のチベット地域では、資源の劣化に伴い、環境問題に牧民が直面し、民衆的な環境保護の活動や宣伝も毎年広がっている。多くのチベット牧民の地域では、狼はかつて銃で殺害したが、法律による保護や仏教の不殺生戒などによってその数が増加し、被害が相次いでいることも最近新たな問題となっている。現在の放牧は、伝統的な放牧活動と比較

すると生態系が崩され、牧民は生存と信仰、習慣の間で方向性を失っているように思われる。

2.2 冬虫夏草

沿海地方と少数民族が多く住む中国の西部との所得格差が拡大したため、中国政府は2000年から国務院に西部開発指導小組を新設して西部大開発計画をスタートさせ、鉄道・道路建設などのインフラ整備や投資環境の整備、科学教育の発展などの優遇政策を実施した。ちょうどその頃から、チベット人が「ヤルツァグンブ」と呼ぶチベット高原のみに生息する菌類が薬草として高く売れるようになった。それは中国語では冬虫夏草と呼ばれる。

メシュルは黄南チベット族自治州でも冬虫夏草が豊富に存在する場所として知られる。図5には示されていないが、メシュル郷の場合、2014年の時点で冬虫夏草500グラムの値段は6万

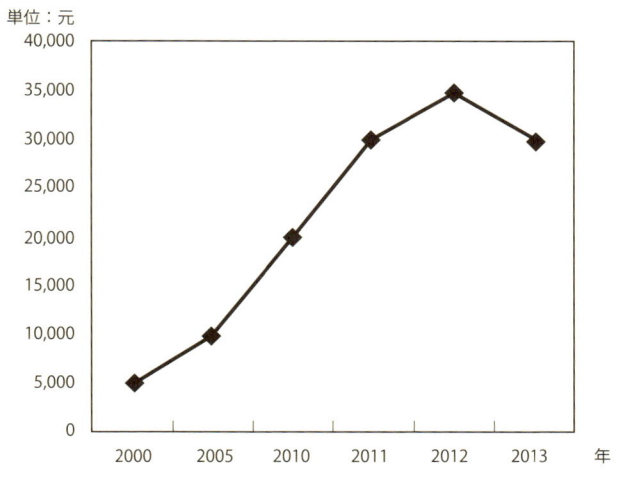

図5　冬虫夏草の値段の変化（500 グラム当たり）

注：2014 年の調査により筆者が作成

5千元と一挙に高騰しており、1元＝16日本円とすれば、約100万円にもなる。採集時期は5月から6月までである。最近、牧民は毎年冬虫夏草を採集することが最大の収入源となっている。アムドの多くの小中学校は5月15日から6月の20日まで冬虫夏草の採集のため休校するほどである。

メシュルの牧民家庭では、冬虫夏草の価格の高騰に伴い、大勢の牧民が冬虫夏草を採集しており、一方牧畜による収入は減少している。特に、羊が大幅に減少し、羊を飼わない世帯が毎年増加している。雄ヤクは移動などに使わなくなったため、群れの中の70％は雌ヤクという形になっている。2014年の調査によると、メシュルの1戸当たり最高の収入は150万元（約2850万円）で、最低は7万元（約133万円）であった。現在、牧民の年間収入の70-80％は冬虫夏草に頼っている。最近、冬虫夏草の市場価額は不安定で、その価額が下落すれば牧民の生活には大きな影響が出るだろう。

多くの移民は固定した仕事がないまま移民村で暮らしており、1年の収入としては自分のもともとの牧地に戻っての冬虫夏草の採集の比重が大きい。彼らにとって移民村は「休憩室」のような存在でもある。

現在では、冬虫夏草の採集のために越境する人も増えた。最近メシュルでも生態保護のため冬虫夏草採集の制限が厳しくなったが、牧民にとっては重要な収入源になっているので全面的な禁止はしていない。近年になって新たに冬虫夏草をめぐって争いも生まれている。2002年から現在まで、メシュルとロンチェ（blon chos）村の間では毎年境界争いが発生する。そのため、冬虫夏草を掘る時期は、黄南州政府から多くの役人と警察官が派遣されて争いにならないようにしている。

2005年から11年までで「三江源生態移民」の純年収入は10％増大し、2352元に達しているという報告がされている（青海省

三江源事務所 2014)。しかし、この収入の増加は移民による成果ではなく、冬虫夏草の採集によるものと考えられる。

2.3　その他

　2006年に「中華人民共和国農民専業合作社法」を公布して以来、多くの合作社ができている。2008年青海省は全国に先駆けて牧民合作社を媒介として、環境を保護し、科学的に草原の資源を利用し、生産方式を市場志向型などに転換して、それを通じて牧地の持続的な利用を可能とすることにした。「2011年末の時点において、国内の16省（自治区・直轄市）が専業合作社の地方法規を制定し、30省（自治区・直轄市）が専業合作社の発展を支援する政策文書を発表している。国家発展改革委員会、財政部、商務部、国家工商行政管理総局、国家税務総局、中国銀行業監督管理委員会も具体的な政策を定め、プロジェクト支援、財政補助・奨励、登録登記、租税優遇及び金融助成等の多くの面で農民専業合作社の発展を促している。2011年において農民専業合作社を助成するための中央財政資金は10億元を超え、1級行政区の財政資金は32.4億元に達した」（苑 2013: 37）。

　メシュルでは政府による牧民地帯の新政策によって、87戸がさまざまな「畜牧合作社」に入っている。人々は政府に申請して援助金をもらい、各種の「畜牧合作社」に参加すれば援助金を申請できるが、実際には共同経営の実態はない。上級行政機関が視察に来たときだけやっているような振りをするだけである。わずかに活動をしているのは、「チベット民族服装加工場畜牧合作社」で、これは6戸の世帯が経営し、工場でチベットの伝統的なさまざまな服を作っている。12人の労働者の中で遊牧民出身者は8人である。また、「冬虫夏草交易畜牧合作社」は20戸から167万元の金を集めて2012年から経営を開始している。それはメシュルで一番大きな冬虫夏草の交易市場となって

おり、社長によると社員が32人で、１人当たりの月収入は2200元であるという。こうした牧畜業以外の仕事をする人は毎年増えている。

３．小　結

　2000年以降の「西部大開発」における民族地域の観光事業や生態保護事業によって、チベット遊牧民の生活は新たなスタイルに移行しつつある。中国政府は生態環境の改善、遊牧民の経済向上や発展について多くの報告をしている。しかし、遊牧民のさまざまな習慣や牧畜文化（技術）は失われつつある。こうした移住政策によるチベット遊牧民の経済と文化の変容について検討したい。

　第１に、移民した者は新たな生活を始め、異なる環境下でさまざまな文化的衝突が生じている。これまで出稼ぎを恥ずかしいことだと思ってきたチベット遊牧民たちは、放牧をやめて新しい職業訓練を受けたり、出稼ぎに行くなどして、その生活を維持している。ただ、牧畜以外に技術がないため転職には職業教育が必要である。「移動する個々の牧畜世帯の側から見れば、『生態移民になること』の意義は当然『環境のため』ではなく、より可能性に開かれた生活の実現に向けた生計戦略上のひとつの選択肢であるにすぎなかった」（別所 2014b: 86）。

　第２に、経済的な不安定さを伴っていることである。いま中国では競争と飛躍的発展の時代が続いているが、チベット社会は経済、科学技術、生活などの点で漢族地域よりもかなり遅れているとされて、経済向上や発展がスローガンにされた。しかし、移民後の生活は政府が宣伝したものとは異なり、移民政策で経済的な向上をしたかどうかは疑問である。現在、移住した者も含めて、村人の生活を支えているのは冬虫夏草の採集だ

といってもよい。しかし、その冬虫夏草の薬効は明らかでなく、市場価格は投機によっているので、高値がいつまで続いて行くかわからない、という不安の中で生活を送っている。

第3に、牧畜社会で維持されてきた社会構造の崩壊によって、宗教的な儀礼や伝統的な祭りが運営できないなどの影響が生じている。伝統的な共同体が崩壊して、新村では新たな共同体を形成する必要に直面している。メシュルの人々にとって移住政策は望んだものではない。一人の村人は、「政府の命令を聞かないと文化大革命のような強制的な政治になるかもしれないので仕方がない」と答えた。

中国共産党中央は、「三江源」地域の環境劣化の原因を家畜の過放牧にあると見て、環境保護を牧民の移住という方法で実現しようとした。民族州・郷鎮など下部行政機関は規定された目標に達するよう牧民を強制移住させた。ところが移住人口に比例して家畜が減ったのではないことは明らかである。

一方牧民は、伝統的な生活を奪われ、共同体の喪失という極めて危機的な状態の中で生活せざるを得ない。遊牧はチベットの社会、文化の極めて重要な要素である。チベット人地域から遊牧が一掃されたとき、チベットの社会、文化は大きな危機を迎えるであろう。

註：

1)　中国西部には甘粛省、貴州省、寧夏回族自治区、青海省、陝西省、四川省、チベット自治区、新疆ウイグル自治区、雲南省及び重慶市の10省区市が含まれる。これら地域には全国の3分の2の国土面積と22.8％の人口が存在し、豊富な鉱物資源や水力を含むエネルギー資源、開拓を待つ土地資源、少数民族の多様な文化を示す観光資源が存在する。

2) 「小康」とは、人間にとって最小限必要である衣食住、教育などを満たしたうえで、ある程度の文化と余暇水準を保てるような生活水準と、ややゆとりのある生活ができる状態をいう。

3) 　土族は突如吐蕃の攻撃を受けて壊滅した吐谷渾の後裔だと伝えられており、モンゴル族、漢族とともに清王朝時代に形成されたと伝えられている。レプコンに移住してきた他民族（回族、土族）は、ロンウナンソの許可を得てレプコンに住むようになったので、その周辺のチベット人と同じく当時のロンウナンソ政権の支配を受けた。同仁県地域の土族は青海省互助土族自治県及び甘粛省の土族と言葉や習慣が異なっているといわれるが、同じ民族に認定されている。彼らは土族語を主として、チベット語のアムド方言両方を用いている。チベット文化と異なった点があり、混淆的である場合が多い。

4) 　シサ郷、ゴンシュル郷はともにゼコ県内の郷である。

5) 　ヒマラヤナキウサギは、成獣の平均体重 150 グラム、平均体長は 160 ミリメートルであり、平均 15.3 頭からなる家族の群れで生活する（楊ほか 2014）。チベット語では「アブラ」という。

第5章

物質文化の変容

1．牧民の住居の変容

　牧民の伝統的な移動式住居である黒テントは、チベット語で「ラ」と呼ばれる。ラは一般の住居としてはもちろん、僧院や軍営として、また巡礼などの旅にも用いられた。

　用途に応じてさまざまな大きさと種類があり、かつてチベットの牧畜社会にはなくてはならない存在だった。しかし、1997年頃の牧地の使用権の再分配や近年の生態移民政策などによって、アムドの牧民の移動的な住居は徐々に固定家屋に変化した。本節では、アムドの牧民の家であるテントに注目し住居の変容について論じたい。

　現在、牧畜を継続している牧民も普段は固定家屋に住み、夏営地でしか移動的なテントは使われない。また、夏営地でも黒いテントではなく帆布で作った簡便なテントを用いることが多い。それについてSulekは、「中国政府がチベット高原の家屋の建設のために関与しているが、牧民は自らのために家を建てることに関心を持っている。チベット高原の牧地での家屋の増加は、国家による定住への圧力のためではなく、チベットの牧民が豊かになったからである」と指摘している（Sulek 2012: 236）。

　かつては、牧畜地帯には寺院のほか建造物はほとんどなかった。大寺院の多くも農耕地帯に建てられている。1980年代以降、宗教政策の変更により牧畜地帯でも寺院を建設したり、拡張する活動が行われている。その代表は、四川省セルタ県のラルンガル僧院（色達五明仏学院）である。

1.1　テントの材料と製法
　ラ（テント）の基本構造について説明すると、まず、素材はヤクの毛の織物である。それもヤクの長毛であるツパと柔毛で

写真11　テントの中の構造

あるクリの2つの種類を用いる。毎年決まった時期にヤクから
ツパの毛を刈り、クリは手で抜いてそれぞれを洗浄する。そ
の後、それらの毛を縒って糸にする。簡易な機械を使い、ツパ
は横糸として、クリは縦糸として「レ」という長方形の布地を
織る。長さ20メートル以上で幅二十数センチの反物を「レデ」
という。レデを縫い合わせてラを作るので、レデの枚数によっ
てさまざまな大きさのラを作ることができる。はぎ合わせた布
地を木の柱（ガラ）で下から支える仕組みになっている。

　天井には、雨が降ったときに閉じることができる、換気や採
光のための天窓が開いており、かまどの煙突を出すこともでき
る。ラは正面が南向きになるように建てられる。一つのテント
は左右対称の2つの部分から構成する。テントはたくさんの支
柱で支えられ、また、固定するための張り綱も四方に張らなけ
ればならない。ラの内部はかまどを中心に2つの居住空間に
分けられる。入り口から奥に向かって右は男性側、左は女性側
である。

写真12　ヤクにテント1基を乗せる

　右の男性側はポキュムといい、仏壇をはじめとする宗教関係のものなどが置かれ、左の女性側はモキュムといい、搾乳桶や台所用品、食器棚などが置かれる。中央のかまどで料理をする。

　チベット語で「ラソワ」とは、テントを「育てる」という意味である。かつての牧民はラを長年使うためテントを育てることは重要であり、だいたい毎年ラを修理していた。育てる程度によってラの寿命もそれぞれだが、通常ラの寿命は15-30年である。時期的に秋営地で修理することが多い。吉日を選び天気が良かったら、テントを「男の家」と「女の家」の2つに分けて、近くの綺麗な地面に広げる。テントの修理の作業は男女両方でやるが、それぞれの「家」を修理することが多い。テントを育てる仕事は、テントの破れた場所をチェックして、それを新しい生地に換えることである。親族などを手伝いに呼び、終えたらテントのお祝い（ラトン）を行う。しかし、喪に服する

年はテントの修理を行わない。牧民の多くの作業は共同でやる習慣があり、それによって多くの作業や困難な作業などを乗り越えてきた。

1.2　移動住居から固定住居へ

　簡便な構造で牧民に長らく愛用されてきたラであるが、1958-83年の間、社会主義政策のもとで牧畜の集団化が進められ、伝統的な牧畜生活が中断を余儀なくされた。そのとき、ラは集団所有のものになったが、牧民はラに住み続けた。その一方、役所などの住宅の建設も開始された。1984年になると、今度は家畜と牧地が個人に分配される政策が進められ、牧民たちは与えられた土地の中で半定住の状態となっていった。村や、放牧をともにする集団（ルコル）といった共同体中心の生活から個人単位で牧畜業を営むようになったのである。

　1990年代以降、青海省政府は貧しい地域や人々を対象として、「四配套」と呼ばれる、レンガ造りの建物や家畜囲い、フェンス、人工の草場の建設を進めた。それらは役所以外に牧畜地帯で初めて建てられた建造物となった。そのときモデルとして建てたのはレンガを使った建物だった。当時、道路の条件によって、車やトラクターを使って多くの牧民のところにレンガを運ぶことができないため、メシュルでは10軒だけが住宅を建設した。その後牧地を再配分し、半定住化した牧民たちが冬営地で家を建て始めた。牧民たちは当時、技術や道具がないために自分たちで家を建てることはできなかった。そのため、近所の農民を雇って、版築によって壁を作り家を建設した。

　その後、牧民は自らの手で、冬営地を中心に版築の建物を建てるようになった。

　2005年に「三江源」の生態移民政策が実施されて以来、たくさんの牧民が移住することになった。伝統的なヤクの毛を織っ

写真13　固定住居の内部

　た黒いテントではなく、ほとんどの牧民が冬は煉瓦で建てた固定家屋に住んでいる。そのためラは激減しほとんど使われなくなった。牧畜を継続している牧民もかつてのようには移動しないため、移動的な住居の必要は低下し、固定住居に変わった。しかし面白いのは、調査地の多くの牧民の固定家屋の中の構造が移動住居のラとほぼ変わらないことである。中には伝統的なかまどが設置され、男女の2つの部分に分けられている（写真13）。

　　［事例1］
　　L氏はかつて35年間、ラで暮らし牧畜を行ってきた。1995年農耕地の人に頼んで冬営地で固定住居を作った。それから夏は白いテントに住み、冬は固定住居に住むようになった。2016年、昔を懐かしんで7月から8月の間は黒テントを建てて住んでいるが、寒いので固定住居の方がいいと言った。一度固定住居に住み始めた牧民は、一時的にテ

写真 14　伝統的な黒テント

ントに住むと寒さに耐えられないと多くの牧民が答えてく
れた。

［事例 2］

　M氏は53歳で、ゼコ県政府所在地のすぐ近くに住んでい
る。彼は幼い頃からラでの生活を送ってきた。2010年から
は定住化プロジェクト政策によって定住村に移った。主
に冬季の間は、夫婦と孫とで定住村で暮らしている。5月
から8月（旧暦）の間、牧畜業を継続している息子の牧地
でラを張って住んでいる。

　Ｍ氏は、黒テントの方が空気が良くて涼しい、保存食にとっても条件が良い、また容易にたたんだり組み立てたりできるなど、牧民にとっては一番便利な住まいであると語った。移住村では乳製品、肉、毛皮、ヤクの糞など今まで自分で作ってきたあらゆるものも商品として買うのが一番嫌なことであるとも言った。

　そして、家畜がいないと落ち着かない人もいる。2015年、Ｍ氏が住んでいるＧ村の150世帯の中、夏営地でラが０から５基にまで増えた。都市部に移住した人々は当然固定家屋に住んでいるが、窮屈に感じる人が多いようだ。ラを使う必要がなくなっても捨てずに大切に保存している世帯が多い。牧民にとってはラこそが家だからである。

1.3　小　結

　本節では、アムド地域における牧民の家であるラに注目した。四季によって移動してきた牧民にとってラは家として用いられてきたが、しかし、牧地の利用制度や放牧に関する政策などの実施によって住居が変化した。

　鄧小平時代の改革・開放政策以降、貨幣経済が浸透したため、木綿で作ったテントも増えてきた。例えば、「ツォカル」という伝統的な祭りや年中行事を行うときに用いるテントは、ラよりはるかに大きい。白テント（リカル）は木綿で作った三角のテントで寝小屋に用いられる。白黒テント（リト）はヤクの毛で織って作ったレと布を繋いで作った小型のテントである。リカルとリト両方とも軽便だが、生地の目が細かいので中に空気がこもって蒸すのを嫌い、そのため日常的住居としてではなく，臨時の放牧に良いとされる。政府の補助金で購入できる統一規格の四角い白テントが圧倒的に支持されているように見えるが、その一方で昔ながらの黒テントの利点にこだわって、牧民がオ

プション・スペースとして活用するケースもある。

　事例のM氏のように、家畜とともに移動生活を送ってきた牧民たちは、移住による環境の変化と生活の不安の中で、心の安定感を失うこともある。また、定住家屋のオプション・スペースとして黒テントを活用しようとする人がいるということ自体、現代チベット社会における伝統的なものの新たな見直し、牧畜生活の良質な要素を発展的に継承したいという考えに基づいていると考える。実は今、夏の一時期だけ固定家屋を抜け出し、ラを張って暮らす人々が少しずつ増えている。

　移民村や定住村の住宅は中国式の部屋であるが、しかし最近自ら住宅を建てるときは、住宅の外観や内部の空間について、もともと住宅文化を持っていたチベットの農耕地帯の影響を受け入れている人が増えている。その中で、アムド牧畜地域の住居の男女区分の構造は崩れている。

2．畜糞利用の変容

2.1　畜糞の種類とその名称

　チベット高原に暮らす牧民たちは寒さと戦いながら、伝統的な牧畜業を通じて自給自足の生活を営んできた。そこでは、家畜の乳や肉、毛皮の利用と並んで糞もまた資源として使われてきた。糞は、暖房や煮炊きなどの燃料としての用途の他に、積み上げてテントの風よけや家畜囲いにしたり、冬季の肉の貯蔵庫や子供の遊具にしたり、宗教儀礼の際の材料とするなど、さまざまな用途で広範に用いられている。しかし、このようにチベット牧民にとって非常に重要な価値を持つヤクの糞に関連する研究は極めて少ない。

　本節では、青海省に居住するチベット牧民が行う移動放牧生活を対象に、そこでのヤクの糞の名称と利用法について検討し

表 8　ヤクの糞一般の種類

発　音	チベット語	意味・特徴
ブッチィ	'bud rgyu	燃料糞（固定燃料の総称）
オンワ	aong ba	乾燥燃料糞の総称
オンラォン	aong rlon	雨などで濡れた糞
オンカム	aong skam	乾燥燃料糞
オンス	aong su	秋冬の乾燥した糞。軽くて質が一番良い糞、火を点けるとき使われることが多い
オンル	aong rul	加工はせず放棄して腐った糞
オンソン	aong sbungs	乾燥した糞を集めて、種類別に保存しているヤクの糞の山
フチ	lci ba	湿ったヤクの糞の総称
フチデェ	lci bsdus	夏、雨が降ると糞の加工はせず、家畜の寝る場所を掃除するために集め、燃料として使わない
フチジョク	lci 'gyog	水分が多い糞
フチロン	lci rlon	排泄したばかりの糞
ジョフチ	'gro lci	放牧前に排泄した糞
フチカム	lci skam	乾燥した糞
キャオン	skya aong	自然状態に置かれて乾燥した糞
ンゴフチ	sngo lci	春夏の青草を食べて排泄されたヤクの湿った糞
ンゴオン	sngo aong	春夏の青草を食べて排泄された乾いたヤクの糞、燃えやすい
トンオン	ston aong	秋の乾燥した糞（色から判断する）
グンオン	dgun aong	冬の乾燥した糞
タンサ	thang sa	乾燥している状態のヤクの糞の総称
ナクルク	nag rug	冬の終わりや春の頭に、土を舐めたりして排泄した糞
ストゥク	spri rtug	出産後の約３日間だけ作られる初乳を飲んだ子畜が排泄した黄色い糞
オルトゥク	'o rtug	出産後の３日間後から草を食べるまでの糞
ウィルク	be'u rug	0-1歳のヤクの乾燥した糞
ウィフチ	be'u lci	0-1歳のヤクの湿った糞
ツァブ	tshad 'bu	生まれたばかりの子畜の糞（人間・ヒツジの場合も同様）
ニャンワ	rnyang ba	（解体したときの）大腸、小腸、盲腸、第四胃に残っている内容物
フツォ	rtso	（解体したときの）第一胃にある内容物
ニャンチュ	rnyng 'chol	下痢をしたときの糞

写真 15　オンソン（糞の山）

写真 16　オンル

表9　形状による名称

発　音	チベット語	意味・特徴
フチコル	lci gor	丸い形のヤクの湿糞
フチレプ	lci leb	平らな形のヤクの湿糞
オンコル	aong kor	丸い形の乾燥したヤクの糞
オンレプ	aong leb	平らな形の乾燥したヤクの糞

表10　凍結した畜糞に対する名称

発　音	チベット語	意味・特徴
フチゴン	lci sgong	2歳から上のヤクの凍った糞で、乾燥しにくいため家畜囲いの材料として使われることが多い
フチルク	lci rug	生後1ヶ月から2歳以下のヤクの凍った糞で、フチゴンより小さいので乾燥しやすいから燃料糞とする

たい。本書の調査対象地の青海省黄南チベット族自治州ゼコ県のメシュル（dme shul）鎮S村はゼコ県の東部に位置する。平均海抜は3500メートルであり、人口は2800人である。以下ではS村におけるフィールドワークに基づき、チベット牧民の畜糞、特にヤクの糞利用について報告する。

　ヤクの糞は作業を行う時期や個々の形状、色、模様、利用用途などによって異なる名称を持っている。調査地では表8のような種類の名称がある。

　湿った糞と乾燥した糞の形状によって、表9のように丸いものと平らなものの2つに分けられる。

　冬になると、排泄してから時間が経ったヤクの糞は凍結するため、燃料として使うことはできない。しかし、雪が降らない限りジョフチ（放牧前に排泄した糞）を毎日加工し、1年に使われる燃料の多くは冬に加工するのが普通である。なぜならば、夏と比べると冬は乾燥していることと、搾乳量が少ないため乳製品加工の仕事も減っているからである。

　凍ったヤクの糞は家畜囲いなどを作るために利用する。凍結

写真 17　乾燥した糞

　したヤクの糞は家畜囲いの材料用と燃料用の２つに分けて用い
る（表10）。
　リュ（砕かれ乾燥した糞）は農業を営む人々が畑の肥料とし
て利用している他に、家のオンドルを温める燃料としても利用
されている。そして、近頃は、ほとんどの牧民が冬は煉瓦など
で建てた固定住化宅[1] に住んでいるため同じくオンドルを備え、
その燃料として、また、リュを燃やした熾きでパンを焼くため
にも利用している。

表 11　乾燥・粉状の糞

発　音	チベット語	意味・特徴
リュ	lud	砕かれ乾燥した糞（家畜共通）
オンリュ	aong lud	砕かれ乾燥したヤクの糞
リリュ	ril lud	砕かれ乾燥したヒツジの糞
リュソン	lud spungs	砕かれ乾燥した畜糞の山
リュル	lud rul	腐った砕かれた糞
タシェ	rta phye	砕かれ乾燥した馬の糞

2.2　ヤクの糞の利用法

（1）　糞の加工法

　ヤクの糞は、燃料として牧地で乾燥されて活用されている。そのすべての仕事は女性が負担している。チベットの社会では、「男は外、女は内」といい、男性と女性の仕事がはっきり分かれているのが特徴である。一般的に男性は放牧、去勢、交配な

写真 18　コルホク

表 12　ヤクの糞の加工方法

発　音	チベット語	加工方法
フツァブルク	gtsabs rug	湿った糞をちぎって乾かしたもの。揉みほぐして、小石程度の大きさにする。1週間ほど乾かしたらできあがり
コルホク	kho shog	湿った糞を手で草源に薄く塗り広げ、その状態で乾かす。1日で乾くので夏営地でよく用いられる
コレプ	kho leb	厚めの丸い形にして、壁などに貼り付けて乾燥したもの
ツルク	btsur rug	両手の間で絞り出して作る
タンルク	thang rug	小さめの丸い形に作る

どの仕事をする。それに対して、女性は家、すなわちテント回りの仕事をする。女性の仕事の主な内容としては、毎日搾乳（通常朝晩1回ずつ行う）し、ヤクの糞を集め、糞を燃料にするため加工作業を行う。特に家畜の乳の出の良い夏は繁忙期であり、その分燃料の消費量も増加するため、調査地では畜糞の仕事が1日の仕事量の1割を占めている。以下では、牧民の畜糞に対する認知様式を通じて、ヤクの糞がチベット牧民社会の中でどのような役割を果たしているのかを報告する。

牧民の女性は、毎朝、家畜を放牧に出した後、囲いの中の糞を籠（現地のチベット語でセウ sle bo）に入れて、家の近くの開けた場所に運ぶ。草の上に籠の中身を空けてからそこで糞を手で加工する。加工のプロセスと加工方法は表12の通りである。

（2）　囲いや壁としての利用

冬期のヤクの糞は燃料として使われる他、かつては家畜の囲いや壁などを作るのにも用いていた。また冬は、糞を用いてさまざまな台や棚が作られる。それらは青海チベットの牧畜地域で広く活用されている。例えば仏壇をはじめ、茶碗や調理用具を置く台、お正月などに使うテーブルなどの他、肉を保管する貯蔵庫や犬小屋などが作られる。

冬営地に移動したらまずテントを張る作業を行うが、地面が

表13　囲いや壁などとしての利用

発　音	チベット語	意　味
フチラ	lci ra	糞で作った囲い
オンラ	aong ra	糞で作った壁
フチガ	lci sga	ヤクの糞で作った一種のそり。遊び道具
フチカン	lci khang	糞で作った小屋
フチガム	lci sgam	冬、屠殺された肉を保存するための囲い
ラチャク	rwa 'khyag	家畜の角と糞で作った支え
チャクニュ	'kyag bug	糞で作った支え

凍っているため、木製の杭を地中に打ち込むことができない。そのためチャク（'khyag）という糞で作った支えを用いてテントを固定する。また、家畜を繋ぐときもチャクを用いる[2]。

またチベットでは、神々、特に土着の神々を祀る民間信仰が行われており、サン（bsang）という焚き上げの儀式が毎日少なくとも2回は行われている。サンを焚く壇はヤクの糞で作られている他、火をつけるための材料としてヤクの糞（サンの場合はヤク糞以外の畜糞は利用しない）を利用する。

（3）　家畜管理に利用されるヤクの糞

ヤクの糞は家畜の交配や母畜と子畜の分離などにも利用される。例えば、ヤクを交尾させた後、雌ヤクの背中にヤクの糞を塗ることで2度目の交尾を防ぐ。また、2歳ヤク（現地のチベット語でウィラ be'u）の離乳時に、乳を飲めないように乳房にヤクの糞を塗ることで母牛のミルクを保全する。このように、家畜を有効に管理するためにヤクの糞が用いられる。

（4）　その他の家畜の糞

燃料としての糞利用でいうと、ヤクの糞の他にも、ヒツジの糞も燃料として使われる。加工せずにヒツジの囲いからまとめて出し、乾燥させて使う。乾燥しやすくて火が長持ちするのでチベット牧民は愛用してきたが、近年、ヒツジの糞の利用は減少しつつある。理由としては、1984年から家畜と牧地の個人所有化が進められ、集団所有の牧地が各世帯の人数を基準に配分されたことによって、利用できる牧地の面積が以前より大幅に

表14　ヒツジとヤギ、馬の糞の名称

発　音	チベット語	意味・特徴
リマ	ril ma	乾湿を問わずヒツジ、ヤギの糞を指す
リソン	ril sbung	（集めて保存された）乾燥したヒツジやヤギの糞
トゥリ	rtu lu	乾湿を問わず馬の糞の総称。燃料に使わない
トゥチュ	rtu 'chol	通常の馬の糞より形の崩れた糞

縮小されたことがある。かつては年に４回程度移動していたが、近年では１年に２回しか移動せず、家畜が比較的長くその場にとどまるので、ヒツジの糞が細かく砕かれた状態になってしまって使えないのである。なお、馬の糞は燃料に使わないが、ヒツジやヤギ、馬の糞の名称は表14の通りである。

３．畜糞の商品化

　家畜から産出される毛皮・乳製品・肉の商品化の後、1990年代後半からヤクの糞の商品化が進んだ。県都にある学校や官庁などでは暖房が設置されていることが多いが、県都以下の学校や官庁などではまた燃料として石炭と併せてヤクの糞が用いられている。また定住村では、ガスや石炭、電化製品などを利用

写真19　工場で売っているヤクの畜糞

写真20　工場で加工されたヤクの糞

　する人々も増加しているが、家畜を持たない移民村や定住村の住民たちはヤクの糞を燃料として求めるようになっている。ヤクの糞は比較的安価だし、火点に欠かせない燃料だからその需要は住民の増加とともに日々高まっている。

　そのため牧民は、ヤクの糞を自分の牧地で収集し、家で加工して町まで運んで売っている。2015年時点では1袋（約25キログラム）10元であった。

　ゼコ県では、2016年「ゼコ県科学環保燃料専業合作社」というヤクの糞の加工場が設立された。社長のサンジェ氏によると、社員は19人で、地元の若者7人が経営し、工場で湿糞を原料に4種類の伝統的な形状の燃料糞を作っている他、牧民から8種類の畜糞を購入している。

　また、火を長持ちさせるため、糞を用いて3種類の新燃料を

開発した。それぞれ、原料としては砕かれ乾燥したヤクとヒツジの糞に、乾燥性土壌の灰色土（sa dkar）を混ぜて作ったものと、赤色土（sa dmar）を混ぜて作ったもの、灰色土に石炭粉を混ぜて作った3種類の新燃料である。

4. 小　結

　牧民は家畜から産出される毛・皮・乳・肉を用いて、衣服、住居、食物を自分たちで作るとともに、家畜の糞を燃料などに有効に活用してきた。糞の利用は、家畜の寝床の掃除にもなる。家畜から得られる資源を無駄なく利用する牧民の知恵である。

　チベット高原ではこのようにして家畜から得られる資源を有効利用する牧畜文化が発達してきた。そして、畜糞に関する語彙もまた非常に発達していることが、調査を通じてわかってきた。現在、中国青海省では生態移民や定住化政策が本格的に進められている。生態移民村や定住村の住民が利用している燃料もまたヤクの糞である。しかし、今まで自分たちが加工してきたヤクの糞は、そこでは商品として買わざるを得ない。市場経済の浸透で貨幣による消費が一般化したため、収入の少ない牧民は余った糞を、家畜を持っていない住民に売っている。ある牧民はヤクの糞が商品になったことが非常にショックだったと語った。

　いま現在も牧地を離れず、牧畜を継続しているチベット人もいるが、その数は毎年減少し、その技術や牧畜文化は衰退しつつある。そうした生活の変化により、豊かな畜糞名称も、移民村や定住村ではほとんど使われることなく、普段は乾燥させて燃料として使うヤクの糞の総称であるオンワ（aong ba）しか用いられなくなっている。牧畜文化の変化とともに、それを表現する言葉も失われつつあるのだ。

　　註：

1)　　牧民の住宅は伝統的なヤクの毛で織った黒いテントであったが、
　　1991 年から青海省政府は貧しい地域や人々を優先として、牧民の冬営
　　地にレンガの家屋や家畜囲い、フェンス、飼料置き場などを建てる政
　　策を始めた。

2)　　近年、冬営地では固定家屋が建てられているので利用が激減してい
　　る。

第6章

宗教儀礼とその変容

1．家畜に対する宗教儀礼

　チベットでは、昔から家畜に対するいろいろな宗教儀礼が行われてきた。その儀礼の中で、神への敬意や家畜への感謝、自然に対する畏敬の念などを、家畜を媒介として表現しようとしてきた。1950年以前には牧地は共有であり、各世帯が独自に所有する家畜を持っていた。それらの家畜を屠殺して土地神に捧げる儀礼（マルサン dmar bsang）や家畜を解放する儀礼（ツェタル tshe thar）などが行われてきた。それらの家畜の儀礼は古層文化の信仰観念や習慣を反映していると考えられる。

　アムドでは、1950年代から1980年代まで社会主義的政策が進められた。大躍進政策や文化大革命期には、無神論的な視点から家畜に対する宗教儀礼は一切迷信とされ、禁止された。1984年から家畜と牧地の個人所有化が進められ、集団所有の牧地が各世帯の人数を基準に配分されたことによって、徐々に伝統的な放牧活動や儀礼などを復興させることができた。

　しかし、環境保護を名目として、牧民を牧地から立ち退かせ、町へと移住させる政策がアムドでは2000年以降進められてきた。その中で、牧民の社会は移住（生態移民と定住化）によって大きく変化してきた。著者は2014年青海省黄南チベット族自治州ゼコ県S村で、移住や定住に伴って牧地や家畜を手放して都市部に移住した7戸に、儀礼対象になっていた家畜をどのように処分したかについて聞き取り調査をした。その後、S村の、今も牧畜を継続している3戸に対して、家畜に対する儀礼についての聞き取り調査や参与観察を行った。

　本章では、伝統的なチベットの牧畜社会における宗教儀礼の変容について論じる。また、家畜を手放し移住した牧民は、宗教儀礼の対象である家畜をどのように扱っているかについても

検討したい。

1.1　天の羊（ナムリク）

　ナムリク（gnam lug）とは、その命を土地神のために捧げる羊のことをいう。ナムリクには共同で供犠の儀礼を行う氏族の羊の群れの中から、一番優良で角の形が良いとされる羊が選ばれる。ナムリクはラツェ儀礼の中で供犠される。具体的にはその羊を神が宿る山まで連れて行き屠殺する。解体後、頭の部分や心臓を中心として、胸の一部分、すねの一部分、そして、残りの各部分からそれぞれ少量の肉を切り取る。取った全部の肉を腹腔内脂肪の中に入れて、火で燃やし土地神に捧げる儀礼を行う。それはマルサンと呼ばれる。

　その際特定の山に宿る土地神の名前を呼び、家畜の安全や無病息災、仇敵に勝つことなどを願う。残りの肉のうち尻の肉（ツァンラ mtshang ra）は村の村長（ホンボ dpon bo）に持ち帰る。その他の残った肉は全員でその場で煮込んで食べられる。

　チベットでは、特定の山に神が存在すると信じられている。その特定の神々に対して、一般家庭ではサン（bsang）という焚き上げの儀式を、毎日少なくとも2回行う。サンには2つの種類がある。一つは白いサンとよばれビャクシンと、炒った大麦（ヒェルツク sher rtsig）を焚くものである。もう一つはマルサン（家庭で行うのはスルとも）と呼ばれ、ビャクシンと肉と脂肪を混ぜて焚くものである。そのうちスル儀礼は家庭で毎日行われてきた。しかし、仏教の浸透によって屠殺儀礼はやめられるようになり、生きている羊の代わりにツァンパ（炒った大麦の粉）やバターで山羊などの像を作ってそれを焚くようになった。最近、天の羊に選定されナムリクと呼ばれる羊も稀に存在するが、それは、土地神に捧げた後、屠殺を避けて扱っている。

　調査によれば、多くの家庭では1990年代までスルと白いサンの両方を行ってきたというが、最近スルは多くの地域では行われなくなっている。200戸中両方を継続して行っているのは5戸に過ぎなかった。それらの家が続けている理由としては、一時的にやめたが、そのとき家畜がたくさん死んだり、人が病気になったりしたためという答えが多かった。しかし、それらの世帯も自分の家畜を屠殺してまで捧げることはしない。

　家畜儀礼の多くは、チベットの仏教伝来以前の土着文化の影響を強く受けていると思われる。近年になって、民族的なアイデンティティの復興と増幅の中で、仏教の理念が強調されるようになった。マルサンの衰退もそのためだと考える。

1.2　ツェタル

　ツェタル（tshe thar）とは、チベット語で「生命を解放する」という意味である。屠ったり、売ったりしない家畜のことであり、その乳を搾る以外、基本的に乗用に用いず、また、毛を刈らないことも多い。ツェタルの対象の家畜は自然に死ぬまで牧民が責任を持って放牧し、年を取った場合、優しく接触し世話をする。

　チベットの牧民は、家畜への感謝、慈悲や利他、病気の治療、招福などの目的でツェタルを実践している。ツェタルの実践は、チベットで普遍的に観察される家畜儀礼である。ツェタルの対象は、本来チベットの「4種の宝物」（ヤンラゴシ g.yang ra sgo bzhi）とされる馬、ヤク、羊、山羊である。自分の家畜から優良な個体を選定し、ツェタルの対象にする。印として家畜の両耳や肩、たてがみに五色の布飾りを結びつけて、他の家畜とは違う存在であることを示す。これまでその乳を搾り、乗用などで使ってきた家畜に恩返しするため、家畜の中で特徴あるものを選んでツェタルにするケースがあり、病気の治療、招福

のためにツェタルすることも多い。その方法は簡単で、寺院に行く必要も、僧侶を呼ぶ必要もない。吉日を選び、目印の布を作る。ツェタルの当日、サンを焚いて、家畜の尻尾から頭部にかけてミルクに水を混ぜたものをかけて清める。

　ツェタルの対象になった家畜がすぐに死んだ場合は、もう一匹の家畜をツェタルにする。ツェタルの対象となった家畜が年を取った場合、特別に世話をすることがあって、そのことをツェヨク（tshe gyog）という。

　　［事例１］
　　A氏（57歳）によれば、2015年に妻の病気治癒への祈願のためツェタルをすることにした。しかし、2008年定住したため家畜を持たず、ある牧民から３歳の雌のヤク１頭を買ってそれをツェタルし、またその面倒を見てもらうためにもお金を払っているという。そのお陰で、A氏の妻はその後に病気がよくなったとされる。

　　寺院に行ってラマの説法によりツェタルの功徳の大きさを知って行う場合もあり、自分の意志で直接的にツェタルをする場合もある。今までは自分が所有する家畜の中、何頭かをツェタルすることが普通のことだった。最近では、A氏のように家畜を買って行う場合もある。

1.3　ソン

（1）　土地神に対するソンの儀礼

　ソン（srung）はチベット語で「守る」という意味である。土地神であるユラ（yul lha）とシダ（gzhi bdag）に捧げられた雄羊はトンボ（don po）、雌羊はトンモ（don mo）、雄ヤクはシュウ（gshol bo）、雌ヤクはシュモ（gshol mo）と呼ばれる。

　ソンの儀礼は山ではなく家で行うこともできる。土地神の家

畜になるとその毛を一生刈らないため、家畜の中で目立つ存在になる。群れの中の王と見なされている。

（2）　護法尊（chos skyong）に対するソン儀礼

　家畜はゴンポ（mgon po）[1]やパルデンラモ（dpal ldan lha mo）など護法尊に捧げられることがある。捧げられた家畜は護法尊の加護を得ることによって、他の家畜たちを守る力を持っているとされる。対象はヤク、羊、山羊、馬、チベット犬（Tibetan Mastiff）である。チベット犬は家畜をオオカミなどから守る役目を果たしており、護法尊の犬（srung khyi）と呼ばれる。その他、雄ヤクはソンヤク（srung g.yag）と、雌ヤクはソンデェ（srung 'bri）と呼ばれる。ゴンポに捧げる場合は毛色が黒い家畜が望ましいとされる。特にゴンポに捧げた羊はゴンリク（mgon lug）、ヤクはゴンヤク（mgon g.yag）、馬はゴンタ（mgon rta）という聖なる名前に変わる。

写真21　土地神に捧げたシュウ

ソンは羊やヤクの群れの中で、一番優良で元気よく可愛い個体を選定する。しかし、ソンに選定された家畜が傷ついたり、年を取った場合にはソンを他の家畜に変更する場合もある。その後は、普通の家畜に戻ったため屠殺しても売っても構わない。

ソンを変更する儀礼は簡単で、吉日を選んでサンを焚きながら、元のソンと現在のソンの家畜の頭と頭を合わせて、「今日から変更したのでよろしく」と話しかける。そして、ソンの証（ソンタク）を新たに選定した家畜の首に結びつける。仏教徒の場合、ソンの役目を解いた家畜をツェタルの対象とすることが多い。

最近、ソンがツェタルの一種と見なされるようになってきた。ゴンポやラモなど特定の護法尊、土地神に捧げる家畜はツェタルではなくソンである。これまで多くの研究では、護法尊に対するソン儀礼はツェタルと同じとされてきた。しかし、両者は決して同じものではない。

1.4　ソクル

ソクル（srog blu）とは、「命を買う」という意味で、殺されようとしている状態の生き物を購入して放つ行為である。対象はすべての生き物である。特に、市場で売られる家畜一般や鳥、魚[2] などがその対象となる。ソクルはそれを通じて、功徳を積むという意味がある。そういう意味で、漢語や日本語の「放生」はチベット語のソクルと同じ意味である。ソクルの多くはラマや占い師（mo ba）の指示によって病気治療などの目的で行われる。

［事例2］

B氏（47歳）が、1年間病気や不幸などが家族に起こらないためにはどうすればいいかラマに尋ねた。ラマは魚で

もよいから1万の命をソクルしなさいと言った。B氏はソクルをするため、S村から西寧のソクル専用の魚の専門店に出かけた。ソクルする数が多いため、小魚を選んで1万匹購入し、帰る途中に黄河に運んでソクルしたという。しかし、B氏は彼がソクルにした小魚たちが、いつかまた漁師によって捕まるのではないかと心配していた。

　チベットの多くの寺院では、ソクル会（放生会）を行うことが増えている。例えば、2016年8月30日、チベット人のドルマ（sgrol ma）という女性が青海省の西寧などの屠殺場で510万元（7752万円）[3]を使い6387頭の羊を買った。それをカンゼ・チベット族自治州セルタ県の牧地にソクルした。それはネットで報じられて賛否両論の議論を呼んだ。

　　［事例3］
　　2014年の8月S村で、お坊さんと村人の3人が魚をソクルするよう呼びかけ、2万元の資金を集め、200人くらいの参加者を集めることができた。その中で家畜を持っていない人は75％を占めていた。そのお金で、西寧でソクル用の魚専門店で魚を買った。そして、移民村から3キロメートル離れた川沿いの場所を選んで、そこに川の水を引いて、魚をその中にソクルした。魚の生態を知らない人たちが、家畜のように魚を扱ったので、2週間間後に多くの魚は死んでしまった。

　事例3のように最近ソクルが増加する傾向が強い。その理由としては、①冬虫夏草の市場価格が高騰したことによって、多くの金が宗教活動に使われている。②多くの牧民が移民した村に住んでいるため、家畜に対するツェタルをできなくなった。

写真 22　川の水を引いて魚をソクルした場所

　それらの理由で、厳密にいえば、ツェタルが減ってソクルが増加している。ツェタルとソクルは現地の人も混同している場合が多く見られる。

2．移住と家畜儀礼

　以上のように家畜への感謝、仏教的な慈悲や利他、病気治癒祈願などのさまざまな理由で、徴付けられた家畜が生み出されてきた。しかし、最近牧民たちが直面しているのは、家畜を手放し移住することになった際に、そういった徴付けた家畜をどうするかということである。10年前、最初期に定住した者にとって、当時は多くの親族が牧畜を継続していたため、彼らに預かってもらうことは簡単であった。しかし現在、定住する者が

大多数を占めることになったことにより、家畜を預けることは困難になっている。

[事例 4]

　C 氏（50歳）は2008年、羊270頭とヤク83頭を売って移民村に移った。ツェタルの対象である家畜が 5 頭おり、そのうち雌ヤク 1 頭と雌羊 3 頭は親戚に贈った。年取った雄ヤクは別村の牧民に頼んだが、牧民のヤクの群れに慣れずに逃走した。その後、他人が見つけて売ってしまったという話を聞いたという。雌の家畜は繁殖ができるし、乳搾りもできるので、誰でも喜んで預かってくれるが、雄の場合は扱ってくれる人を見つけるのは難しい。

[事例 5]

　ある牧民が2012年に定住したとき、40頭のヤクのうち 3 頭、270頭の羊のうち 7 頭、 5 頭の山羊のうち 1 頭、 1 匹

写真 23　ツェタルの馬

の馬、全部で12頭の家畜がツェタルの対象であった。家畜は全部彼の地元で牧畜を継続している知人に売り、ツェタル対象の家畜の面倒も見てくれるよう依頼した。その条件としては、売る側の牧民は家畜を非常に安い値段で売る。そして、その金の90％以上を6年間かけて少しずつ支払うことにした。また、買う側の牧民は家畜を屠殺場に売らないよう約束する（ただ羊は毎年少し売ることを認める）。お互いにとってありがたいことである。なぜならば、それらの移民や定住者は移住の際の「罪」を避けることができるし、牧畜を継続する者は家畜を増やしてより多くの乳製品を売ることができるからである。このように、移住や定住の際に、家畜を屠殺場に連れて行くのではなく牧民同士で売買することが多い。

　本節では、現代のアムドにおける家畜に関する儀礼の変容について検討してきた。儀礼の変容については大きく2つの要素がある。一つは生態移民政策や定住化プロジェクトによる生活形態の変化である。定住化によって家畜に関する宗教儀礼の実践は困難になってきている。そのとき、どうしてもツェタルをしなければならない場合は、多くの牧民は羊や山羊、ヤク、馬などの家畜の代わりにもともと牧民とは関係がなかった魚をソクルの対象として選んでいる。ソクル用の魚は西寧などの町の市場へ行けば、それを専門に売っている店で買うことができる。そういった店はすべて漢族によって経営されている。
　第2の要素は、家畜に関する伝統的な儀礼が土着的なものから切り離されて、仏教的な倫理という、普遍的な価値観に結びついてきたことである。別所はそれについて「家畜を介して仏教アイデンティティが強化されるという社会現象であり、ツェタルは今日の宗教／政治状況と一般社会をつなぐ媒介の役割を

写真24　魚をソクルする場所の案内看板

果たしていると言える」と論じている（別所 2016: 3）。

　アムドの牧民の家畜に関する儀礼は、元来土着的なものであったが、最近はむしろ慈悲や利他といった仏教的な価値観を強調するものになってきている。

3. 山神の移動

　移動型の牧畜を生業とする人々は、居住する場所を1年間通じて何度か移動しながら生活してきた。そのため住居をはじめとするすべての文化が移動に適したものとなる。しかし、牧民も一旦定住するようになると、環境に応じて新たな定住的な性格を持つことになる。本節では定住化に伴う、チベット牧民にとって重要な「山神」への信仰の変化について論じる。

アムドチベットでは、山に宿る神はシダ（gzhi bdag）と呼ばれる。別所によれば、「山神は、過去に実在した氏族の長などをその死後、氏族内で継承される一定の境域の守護神（yul lha）として特定の山に祀り、山そのものを死者の『墓標』かつ『よりしろ』として崇める祖霊信仰の一形態である」（別所 2004: 69）。年1回直接その特定の山に行って、木で作った長さ1メートルから6メートルの矢の模型を中心に刀と盾などの模型を供えて、山神を祀る儀式（ラツェ lab btsas）を行う。チベット学者のS. G. Karmey（mkhar rme'u bsam gtan）によれば、世俗の社会組織はこのラツェを保持し、子々孫々にわたって維持することによって自らの生活領域を社会的・政治的脈絡の中に位置付けることができる（mkhar rme'u bsam gtan 2007）。親族集団は同じ山神を祀り、村ごとに共通の山神が存在する。

　青海省ゼコ県のホルという部族が数百年前、現在住んでいる場所から約150キロメートル離れたところに住んでいた。昔、祖先が暮らしていた場所に彼らが祀るセルゴという山がある。しかし、ホルの部族の人々は、現在も年1回元のその山を祀る儀式を今でも続けている。それと同時に氏族を単位とする山の神も現在住んでいる場所で祀っている。

　しかし現在、山神を移動するということもある。メシュルの氏族（ツォワ）の一つであるガルワ（sgar ba）を例にすれば、1984年土地の分配によって親族や集落が元の放牧地を離れて、30キロメートル離れた場所を中心に牧畜を行うようになった。彼らの祖先を祀る山神のムゴハリ（dmu rgod dba' ri＝「獰猛な英雄の山」の意味）は、現在の居住地から約36キロメートル離れたところにある。山の標高は3300メートルである。地元の人々はアニハリ（a myes dba' ri）と呼ぶ。アニは祖先のことで、アムドでは山神の名前の前にアニを付けるのが一般的である。例えば、アムドの有名な聖山であるアニマチェン（6282メ

写真 25　山神を祀る

ートル）にもアニという言葉が付いている。

　ガルワの人々が移動してしばらくすると、一部の牧民から元
の山神は遠くて祀るのが不便だという意見が出た。2000年頃、
リバジェプという長老が、元の山に住んでいる山神を現在住ん
でいるところに連れてこようという提案をした。牧民たちは山
神の移動についてラマに相談することに同意した。

　ガルワの長らは同仁県のアムサルゴンパという寺院のマクサ
ル（mag sar）という転生ラマを尋ねて、山神を元の場所から
移動したいことを伝えると、山神は「宮殿」に住んでおり、そ
の宮殿を移動することができたならば山神も移動させることが
できると言った。そして、こんな異例なことをするためには、
レプコンで有名なデチェンロタク（bde chen slob grags）とい
うラマに相談し、彼が同行するならば儀式を行うと言った。

移動先となった山はリドン（ri mdung）という山である。それは地理的に現在ガルワが住んでいる牧地の真ん中に当たる。その山に特定した理由としては、その山に別の神が存在しないのと、ほかの山々と比較するとその山は高くて地形的にもよいとされるからである。後にその山の名は、彼らの山神だったムゴハリに変更した。

　山神を移動する儀礼の手順は、サチュ（sa thu）経典によって、相応しいとされる場所が選ばれる。その後、土地神にその土地を掘ることを許してもらう経典を唱えて、深さ2メートル縦横2メートル四方の土を掘る。その中に「宮殿」を作り、穀物などを入れた壺を納める。刀や盾などの模型を供えて、山神を祀る儀式を行う。その儀式には2人のラマも参加した。そこで、ラマは元の山から神を移動したので、元の山には山神が存在しないと宣言した。それにもかかわらず、移動後にも両方を祀っている人もいる。

　註：
1)　大黒天（マハーカーラ）。
2)　1匹の魚を殺すと1万の命を奪うといわれ、1匹の魚をソクルにすればそれの徳も万倍になるといわれる。また、山羊は賢い動物であり、自分が屠殺されるその前から知っているといわれている。1頭の山羊をツェタルすれば7頭の羊をツェタルしたのと同じであるともいわれる。
3)　ネットでは、ドルマ個人の資金として広がったが、ドルマは後にある放生会で集められた金だと説明した。

第 7 章
考察と結論

　近年、チベットでは多くの牧民が伝統的な生活を転換し、共同体の喪失という状態の中で生活せざるを得なくなっている。牧畜はチベットの社会、文化の極めて重要な要素である。チベット人地域から牧畜が一掃されたとき、チベットの社会、文化は大きな危機を迎えるであろう。そのため、チベット牧畜地域の文化の変容の研究は重要であると考えられる。

　本書では、青海省の「三江源」（長江・黄河・メコン川の水源地帯）地方のチベット牧畜社会におけるフィールドワークに基づき、その社会変容を浮き彫りにしようとする試みをした。そのために、中華人民共和国が少数民族に対してとっている政策や社会的枠組みの中でチベット牧畜文化はどのように変容してきたかを検討することを課題とした。

　第1章では、研究の背景及び既存の研究の問題点について記述し、それらの内容を踏まえて本書の目的を設定した。既存の研究の問題点としては、第1に、チベット語によるチベット牧畜に関する研究については、チベットの学問は伝統的に仏教を中心に発展してきたことから、牧民や農民の研究はなおざりにされ、チベット牧畜地域に関するチベット人による文化人類学的研究は極めて少ないことがわかった。

　第2は、中国籍研究者による中国語で書かれたチベット牧畜社会を対象とした研究の業績である。それは陳やゲラクなどを代表とする、チベット牧畜社会の部族制度や社会構造についての研究である。また、生態移民政策に関する研究も数多くあるが、彼らの研究の多くは必ず「文明から遅れた仕事」を捨てて都市化へ猛進すべきことを論じている。その中にはチベット地域出身のチベット人研究者も含まれているが、彼らの基本的な態度としては、チベットの仏教文化を中心にその文化的価値を強調し、物理的・自然的環境よりも、チベット人が持つ精神性

についてより多くの関心を注ぎ、その重要性を議論するという立場をとっている。

第3は、欧米人によるチベット牧畜研究としてはGoldsteinとEkvallをはじめとする研究者の業績がある。彼らの研究は実証的で優れているが、Ekvallを除いて言語的政治的な制約がある。

第2章では、伝統的社会構造や親族組織、牧民のライフスタイル、牧民の紛争とその調停や牧民の移動性について検討した。

アムドの牧畜社会では、中華人民共和国が成立する以前は、地方の領主や僧院による支配が続いた。1950年代から伝統的な権力はすべて解散させられて、共産党の党支部などによって構成される政治システムに変化したのである。しかし、現在もまだ宗教儀礼を行う際は、伝統的なホンボなどの権威者が重要な役割を果たしていることが明らかになった。部族社会を考える際に最も重要な点は、国家システムの中に巻き込まれながらも、現在、なお独自の部族的紐帯をある程度維持していることである。

伝統的な部族社会の特徴として挙げられるのは、①牧地共有制、②家畜の私有、③季節的な移動、④基本的には自給自足、ということである。かつて牧地は共同共有であったが、移動範囲は村ごとに決まっていた。また、チュダクと呼ばれる牧地の管理人が決めたタイミングに従って営地を移動した。

かつての交易は物々交換が主であった。貨幣経済が深く浸透してきた現在は、特に、西部大開発に伴う雇用の増加や冬虫夏草の採集によって、さらに生活は物質的に豊かになった。その一方で、牧民の自給自足的な生活は破壊され、多くのものを自ら生産する機能を失い、外部から持ち込まれた物質に頼るようになってきている。

　牧民はその自然環境に適応して、季節ごとに部族共有地の中の決まった場所へ移動してきた。以前の伝統的な放牧形態では春営地—夏営地—秋営地—冬営地の4つの営地を移動した。しかし、1980年代に牧地請負制度によって各家庭に牧地が分割されたため、現在調査地で牧畜を継続している家では、自分の管理する土地を冬春に放牧する牧地と夏秋に放牧する牧地の2つに区分し放牧している。かつて4回移動してきた牧民が半定住化していることは明らかである。伝統的な放牧形態をやめることによって牧地資源の劣化もさらに進んでいることが示された。

　第3章では、まず、1949年以前の中華民国期の、馬軍閥による弾圧やそれへの反抗について概観した。そして、中華人民共和国成立後、中国共産党のもとでの社会変容について検討した。特に、アムドチベットの牧畜地域における社会主義とその影響、集団化期から大躍進期、文化大革命期における目まぐるしい変化について論じた。最後に、1980年代からの伝統的な牧畜への回帰とその意義についても検討した。

　1950年以前のチベット牧畜社会は独自の生活形態と生産様式を発達させてきた。アムドのチベット社会が中国に組み込まれる前は、集落共同体の自治制度が支配的であった。しかし、中華民国期の馬軍閥による支配の40年間、馬軍閥による弾圧や重税により牧民や農民が大きな被害を受け、当時の社会組織や牧畜のシステムは大きな影響を受けた。

　1958年から80年代初頭までの期間は集団化時代と呼ばれる。そのうち、1958年から61年までの間、農業・工業の大増産政策である大躍進政策が実施された。その年にアムドのチベット地域で反乱が起きたが、鎮圧され家畜数も減少した。それは多くの人が餓死したことにも繋がる。

　1970年からの生産の拡大によって過放牧になり、牧地の退化

を生んだ。さらに牧地の乱開墾を行ったことにより、黒土化や土壌流失の現象が生まれ、家畜数が減少した。1970年代後半からは鄧小平の下で開始された改革・開放政策期である。その結果家族を単位として放牧することが再開された。

　家族経営への回帰によって、長らく共有的だった家畜は私有となった。それによってある程度、牧民が思った通りに家畜に依存し、放牧活動を行う生活をすることが実現した。また、ある程度自給自足的な生活を送ることができるようになった。そして、宗教的自由や経営の自由の回復により、宗教的リーダーも伝統的な儀礼などを復活させる活動ができるようになった。

　第4章では、中国共産党中央が、「三江源」地域の環境劣化の原因を家畜の過放牧にあると見て行った、生態移民、定住化プロジェクトの影響について検討した。

　2000年以降の「西部大開発」における、民族地域での観光事業の振興政策や環境保護政策によって、チベット牧民の生活は新たなスタイルに移行しつつある。中国政府は環境の改善、牧民の経済向上や発展について多くの報告をしている。しかし、ライフスタイルの変化によって、牧民のさまざまな習慣や牧畜文化は失われつつある。こうした移住政策によるチベット牧民の経済と文化の変容について検討した。

　移住や定住した者は新たな生活を始め、異なる環境下でさまざまな文化的衝突が生じている。今まで出稼ぎを恥ずかしいことだと思ってきたチベット牧民たちは、放牧をやめて新しい職業訓練を受けたり、出稼ぎに行くなどして、その生活を維持している。

　したがって、移住や定住化は経済的な不安定さを伴っている。いま中国では競争と飛躍的発展の時代が続いているが、チベット社会は経済、科学技術、生活などの点で漢族地域よりもかな

り遅れているとされて、経済向上や発展がスローガンとされた。しかし、移住後の生活は政府が宣伝したものとは異なり、移住政策で経済的な向上をしたかどうかは疑問である。現在、移住した者も含めて、村人の生活を支えているのは冬虫夏草の採集だといってもよい。しかし、その冬虫夏草の薬効は明らかでなく、市場価格は投機によっているので、高値がいつまで続くかわからないという不安の中で生活を送っている。

移住や定住化によって、宗教的な儀礼や伝統的な祭りが運営できないなどの影響もある。伝統的な共同体が崩壊して、新村では新たな共同体を形成する必要に直面している。

第5章では、物質文化の変容について検討した。特に、住居の変容と燃料である畜糞の利用について検討した。

住居としては、アムド地域における牧民のテントであるラに注目した。季節に従って移動する牧民にとってラは便利な住居として用いられてきたが、しかし、牧地の利用制度の変更や放牧に関する政策などの実施によって、移動的住居から固定住居に住むようになった。固定住居の中でも伝統的な構造を維持していることがわかった。

牧民は家畜から産出される毛・皮・乳・肉を用いて、衣服、住居、食物を自分たちで作るとともに、家畜の糞もまた燃料として有効に活用してきた。そして、畜糞に関する語彙もまた非常に発達していることが、調査を通じてわかってきた。生態移民村や定住村の住民が利用している燃料もまたヤクの糞である。しかし、今まで自分たちが加工してきたヤクの糞は、そこでは商品として買わざるを得ない。市場経済の浸透で貨幣による消費が一般化したため、収入の少ない牧民は余った糞を、家畜を持っていない住民に売っている。

いま現在も牧地を離れず、牧畜を継続しているチベット人も

いるが、その数は毎年減少し、その技術や牧畜文化は衰退しつつある。そうした生活の変化により、豊かな畜糞についての語彙は、移民村や定住村ではほとんど用いられることがなくなっている。牧畜社会の変化とともに、そこで用いられてきた言葉も失われつつあることが明らかになった。

　第6章では、宗教儀礼とその変容について検討した。特に、中国の政策による影響を受け、また、現代化しつつある社会の中で、家畜に対する宗教儀礼や民間信仰の変容について検討した。

　儀礼の変容については大きく2つの要素がある。一つは生態移民政策や定住化プロジェクトによる生活形態の変化である。定住化によって家畜に関する宗教儀礼の実践は困難になってきている。そのとき、どうしても放生をしなければならない場合は、多くの牧民は羊や山羊、ヤク、馬などの家畜の代わりにもともと牧民と関係がなかった魚を放生の対象として選んでいる。

　第2の要素は、家畜に関する伝統的な儀礼が土着的なものから切り離されて、仏教的な倫理という、より普遍的な価値観に結びついてきたことである。

　世界が目まぐるしく発展変化する中で、最近の中国の変化は特に激烈である。その一方、定住化、生態移民といった政策などの影響で、アムドチベット牧畜社会には内部からの変化がもたらされた。しかし、これまで当該社会における文化人類学的な研究はなされてこなかった。中国の少数民族として自分たちの社会をどのようにすべきかについて、アムドチベット牧畜社会の生活者の目線からの研究は必要だと考える。

　アムドのチベット牧畜社会をめぐる状況が変化してゆく中、牧民たちは生き残るための努力をしてきた。しかし、現在の中国の政策は「牧畜」という彼らが生き残るために発達させてき

た生業のスタイルそのものを奪うものになっている。

　本書では、牧民たちがときにそれに抵抗し、ときにそれに適応する姿を描いてきた。チベットの牧畜文化は、チベット社会、文化の一つの大きな柱であったということができる。チベットの社会や文化を継続、発展させるためにも、チベットの牧畜社会や文化の変化について、これからも考察してゆきたい。

Glossary

発　音	チベット語の綴	意　味
アニハリ	a mye dpa' ri	地名
アムド	a mdo	東北チベット
アムドワ	a mdo ba	東北チベット人
ウツァン	dbus gtsang	中央チベット
オンワ	aong ba	乾いたヤクの糞
カソ	kha so	活仏の名
カソク	kha sog	村名
カチェル	kha 'khyil	村名
カム	khams	東チベット
ガラ	ka ra	木の柱
ガルワ	sgar ba	村名
キュムツァン	khyim tshang	世帯
クリ	khu lu	ヤクの柔毛
グンサ	dgun sa	冬営地
グンチィ	dgun bshas	冬の食べ物
ケリ	khe rus	村名
ゴルマ	rgod ma	雌馬
ゴロク	mgo log	地名
サキャ派	sa skya	サキャ派
サン	bsang	焚き上げ儀式
ジェル	rgyud	血統
シサ	dpyid sa	春営地
シダ	gzhi bdag	土地神
シトン	phyi stong	他の村に殺人の賠償をする
シャ	sha	肉
シャルツァン	shar tshang	活仏の名
ジュセル	'jigs ser	人名
スラン	zi ling	西寧（地名）
スワ	gzu ba	調停者
ゼコ	rtse khog	地名
ゾ	mdzo	ヤクとウシの雑種の雄
ゾモ	mdzo mo	ヤクとウシの雑種の雌

ソンツェン・ガンポ	srong btsan sgam po	ソンツェン・ガンポ
タ	rta	馬
タシナムジャ	bkr shis rnam rgyal	人名
タムフェ	gtam dpe	諺
タルジャ	dar ljang	寺院名
ダン	rdang	ヤクを繋ぐ長い紐
チャク	khrag	血
チュダク	khyugs bdag	伝統的な牧民の草原管理人
ツァンパ	rtsam pa	炒った大麦の粉
ツェタル	tshe thar	放生
ツェルチュ	mtsher chu	新しい営地の初の食事
ツォワ	tsho ba	氏族
ツォンカ	tsong kha	地名
ツパ	rtsid pa	ヤクの長毛
デワ	sde ba	村
デチェンロタク	bde chen slob grags	人名
ドゥケル	'brog skad	牧民方言
ドゥパ	'brog pa	牧民
トゼ	do tsi	村名
トムロン	dom lung	村名
ドルモ	bros mo	逃げる
ドワ	mdo ba	村名
トン	stong	賠償法
ドン	'brong	野生オスヤク
トンキルリカク	thon skyed ru khag	生産隊
トンコル	stong skor	(地名)
トンサ	ston sa	秋営地
ドンブ	ldum bu	雑草
ナマ	sna ma	荷駄用の馬
ノルコ	nor mgo	村名
ポキュム	pho khyim	テント中の男性側
ポリ	pho las	男性の仕事
ホルディツャン	hor rte'u tshang	村名
ホンコル	dpon skor	村名
ホンボ	dpon po	部族の首長

マクサル	mag sar	人名
マクゾ	dmag rdzogs	撤兵金
マルサン	dmar bsang	肉類を土地神に奉げる儀式
ミマンコンセ	mi dmang kung hre	人民公社
メシュル	dme shul	地名
モキュム	mo khyim	テント中の女性側
モリ	mo las	女性の仕事
ヤク	g. yag	ヤク
ヤザ	yag bza'	村名
ヤルサ	dbyar sa	夏営地
ヤルツァグンブ	dbyar rtswa dgun 'bu	冬虫夏草
ヤンラゴシ	g. yang ra sgo bzhi	四畜（馬、ヤク、羊、山羊）
ラ	sbra	黒いテント
ラカ	sbra kha	父系出自
ラゲン	sbra rgan	大テント
ラジェ・ダクナワ	lha rje brag sna ba	人名
ラツェ	lab btsas	山神の祠
ラトン	sbra ston	テントのお祝い
ラプト	lab bstod	山神を祀る
ラロ	la lo	馬
リカル	sbre'u dkar	白テント
リツェ	sbre'u mtshes	小テント
リト	sbre'u to	白黒テント
リドン	ri mdung	地名
リャマ	ra ma	山羊
リュパ	rus pa	骨
ルク	lug	羊
ルコル	ru skor	放牧集団
ルヨン	ru yong	元の村を絶縁し別の村に来た世帯のこと
レデ	re lde	反物
レプコン	reb gong	今のゼコ県と同仁県
レプコンセティ	reb gong gser khri	人名
ロンケル	rong skad	農民方言
ロンチェ	blon chos	村名
ロンパ	rong pa	農民

ワルワ	bar ba	仲人
ンガパ	sngags pa	村名

引用・参考文献

日本語

阿部治平（1998）「チベット族にとって社会主義革命とは何だったか」『問題と研究』28（3）、74-91頁。

――――（2012）『チベット高原の片隅で』連合出版。

梅棹忠夫（1976）『狩猟と遊牧の世界』講談社。

苑鵬（2013）「中国農民専業合作社の発展の現状・問題と今後の展望」『農林金融』66（2）、37-50頁。

荻原眞子（2002）「シベリアにおける狩猟儀礼と動物供犠　序論」小長谷有紀編『北アジアにおける人と動物のあいだ』東方書店、75-101頁。

カザンジェ（2015）「中国青海省チベット族村社会の変遷過程――チュルマ（曲馬爾）村とシュンポンシ（双朋西）村の事例から」金沢大学提出博士論文。

韓霖（2010）「中国における遊牧民の定住化に関する考察――青海省におけるチベット族の事例を中心として」『地域政策科学研究』7、105-125頁。

栗田靖之（1993）「ブータンにおける農業と牧畜」佐々木高明編『農耕の技術と文化』創美社、292-308頁。

ゴールドスタイン、M. C.（2012）『チベットの文化大革命――神懸かり尼僧の「造反有理」』楊海英監訳、山口周子訳、風響社。

湖中真哉（2006）『牧畜二重経済の人類学――ケニア・サンブルの民族誌の研究』世界思想社。

小長谷有紀（2002）「はじめに――北アジアにおける人と動物のあいだをめぐって」小長谷有紀編『北アジアにおける人と動物のあいだ』東方書店、i-vii頁。

小長谷有紀・シンジルト・中尾正義（編）（2007）『中国の環境政策　生態移民――緑の大地、内モンゴルの砂漠化を防げるか？』昭和堂。

小西賢吾（2015）『四川チベットの宗教と地域社会――宗教復興後を生きぬくボン教徒の人類学的研究』風響社。

佐藤長（1987）『チベット歴史地理研究』岩波書店。

澤井充生・奈良雅史（編）（2015）『「周縁」を生きる少数民族——現代中国の国民統合をめぐるポリティクス』勉誠出版。

シンジルト（2003）『民族の語りの文法——中国青海省モンゴル族の日常・紛争・教育』風響社。

———（2005）「民族と国家——集団意識はどのように生まれるのか」奥野克巳・花渕馨也編『文化人類学のレッスン——フィールドからの出発』学陽書房、25-49頁。

———（2012）「家畜の個体性再考——河南蒙旗におけるツェタル実験」『文化人類学』76（４）、439-460頁。

———（2013）「牧畜にみるアジア　生業・思考・国家」片岡樹・シンジルト・山田仁史共編『アジアの人類学』秋風社、73-106頁。

司玉潔（2015）「青海省における「遊牧民定住化プロジェクト」とそのモンゴル族牧畜への影響」『ヒマラヤ学誌』16、116-134頁。

杉山正明（2011）『遊牧民から見た世界史　増補版』（日経ビジネス人文庫）日本経済新聞社。

宋仁徳・雷豪清・李国梅・馬更禄・徐寧・井戸田幸子・長谷川信美・西脇亜也（2005）「中国青海省南部の野草放牧地におけるクチグロナキウサギによる被害」『日本草地学会誌』51・別号、10-11頁。

棚瀬慈郎（2001）『インドヒマラヤのチベット世界「女神の園の民族誌」』明石書店。

———（2008）「インドヒマラヤのチベット系諸社会における婚姻と家運営——ラホール、スピテイ、ラダック、ザンスカールの比較とその変化」京都大学提出博士論文。

———（2015）「公害、退耕還林、産児制限——中国青海省黄南チベット族自治州の村から見た現代中国」棚瀬慈郎・島村一平編著『草原と鉱石——モンゴル・チベットにおける資源開発と環境問題』明石書店、第13章。

棚瀬慈郎・島村一平（編著）（2015）『草原と鉱石——モンゴル・

チベットにおける資源開発と環境問題』明石書店。

谷泰（2010）『牧夫の誕生——羊・山羊の家畜化の開始とその展開』岩波書店。

ナムタルジャ（2015）「牧地を追われる牧民」棚瀬慈郎・島村一平編著『草原と鉱石——モンゴル・チベットにおける資源開発と環境問題』明石書店、260-274頁。

———（2016）「チベットの牧畜社会におけるヤクの糞の名称とその利用について」『チベット文化研究会報』（チベット文化研究会）40（3）、1-6頁。

野澤謙（1987）「家畜化の生物学的意義」福井勝義・谷泰編『牧畜文化の原像——生態・社会・歴史』日本放送出版協会、63-107頁。

浜勝彦（1977）「青海省黄南蔵族自治州沢庫県：青屏、桑珠『千里草原気象新』農業出版社1976年7月より」『アジア經濟旬報』1050、3-4頁。

平田昌弘（2004）「インド北部ラダック地区の乳加工体系」『ヒマラヤ学誌』10、73-85頁。

———（2009）「青蔵高原西部におけるチベット牧民の乳加工体系」『言語文化学会論集』22、159-176頁。

———（2012）「チベット高原西部におけるチベット系ラダーク牧民カルナクパの季節移動システム——インド北部ヒマラヤ山脈西部斜面チャンタン地域カルナクでの事例から」『ヒマラヤ学誌』13、113-127頁。

平田昌弘・ナムタルジャほか（2015）「中国青海省のアムド系チベット牧民の乳加工体系——青海省東部の定住化遊牧世帯と農牧複合世帯の事例から」『ミルクサイエンス』（日本酪農科学会）64（1）、7-13頁。

福井勝義（1987）「牧畜社会へのアプローチと課題」福井勝義・谷泰編『牧畜文化の原像——生態・社会・歴史』日本放送出版協会、3-60頁。

別所裕介（2004）「チベットの山神崇拝と村落社会——アムド地

方の農業集落における事例」『アジア社会文化研究』5、124-145頁。

―――――（2014a）「チベット高原における社会主義と定住化――黄河源流域における『生態牧畜業建設』と住民レベルの生活環境主義」楊海英編著『ユーラシア乾燥地における遊牧民の定住化と社会主義』名古屋大学文学研究科比較人文学研究室、161-188頁。

―――――（2014b）「「生態移民になる」という選択――三江源移民における移民の生計戦略とポスト定住化をめぐって」『アジア社会研究』15、65-93頁。

―――――（2016）「現代チベットにおける人間と家畜の宗教的関係」『FIELD PLUS』（東京外国語大学アジア・アフリカ言語文化研究所）17、4-5頁。

包海岩（2015）「畜フンの名称体系　内モンゴル自治区シリンゴルを中心に」『砂漠研究』（日本砂漠学会）25（2）、33-41頁。

ホッジ・ヘレナ＝ノーバーグ（2006）『ラダック　懐かしい未来』山と渓谷社。

松原正毅（1992）『青蔵紀行――揚子江源流域をゆく』中公文庫。

―――――（1993）「チベットの牧畜」佐々木高明編『農耕の技術と文化』創美社、239-260頁。

―――――（2004）『牧民の世界　トルコ系牧民ユルックの民族誌から』（平凡社ライブラリー）平凡社。

山口瑞鳳（1987/1988）『チベット（上）・（下）』東京大学出版会。

山口哲由（2007）「雲南省北西部山地の移動牧畜における移動ルートと家畜分布――社会環境の変化に着目して家畜と放牧地のバランスを探る試み」『アジア・アフリカ地域研究』6（2）、414-437頁。

―――――（2009）「チベット地域の乳加工――シャングリラ（香格里拉）県の事例を通して」『人文地理』56（3）、310-325頁。

―――――（2011）「中国雲南省のチベット族村落における移動牧畜の現代的意義――その乳生産量からの検討」『人文地理』63（1）、

1-21 頁。

山本紀夫・稲村哲也（編著）（2000）『ヒマラヤの環境誌――山岳地域の自然とシェルパの世界』八坂書房。

楊家華ほか（2014）「チベット高原三江源地域高山放牧地におけるクチグロナキウサギ（Ochotonacurzoniae）の生息密度と植生および土壌理化学性との関係」『日本暖地畜産学会報』57 （2），pp. 105-113。

リンチン（2015）『現代中国の民族政策と民族問題――辺境としての内モンゴル』集広舎。

中国語

百乐司宝才仁・韩昭庆（2007）「试论三江源生态移民的文化变迁」『复旦学报（社会科学版）』2007 年第 3 期、134-140 页。

陈庆英（主编）（1990）『藏族部族制度研究』中国藏学出版社。

陈庆英（2005）『中国藏族部族』中国藏学出版社。

陈燮章・索文清・陈乃文（编）（1982）『藏族史料集一・二・三』四川民族出版社。

陈玮（1998）『青海藏族游牧部落社会研究』青海民族出版社。

丹曲（主编）（2009）『安多研究』民族出版社。

当增吉（2005）「隆务昂索考述」『青海民族研究』第 16 卷第 4 期、149-151 页。

――――（2011）「隆务囊索政权的建立与隆务寺的兴盛」『青海民族研究』第 22 卷、第 3 期、67-70 页。

杜发春（2014）『三江源生态移民研究』中国社会学科出版社。

尕藏才旦・格桑本（编著）（2000）『青藏高原遊牧文化』甘肃民族出版社。

戈德斯坦、M. C.（M. C. Goldstein）（1993）「中国改革政策对西藏牧区的影響」张植荣主编、肖蓉副主编『国外藏学研究訳文集』第十辑、西藏人民出版社、348-372 页。

格尔丹（2003）「西藏牛粪的文化」『西藏民俗』（西藏民俗杂志社）春季号、44-47 页。

143

格勒・劉一民・張建世・安才旦（編著）（1993）『蔵北牧民――西蔵那曲地区社会歴史調査』中国蔵学出版社。

国務院（2008）「国務院関于支持青海等省蔵区経済社会発展的若干意見」（国発 34 号）。

何峰（2006）『蔵族生態文化』中国蔵学出版社。

蒋彬（2005）『四川蔵区城鎮化与文化変遷：以徳格県更慶鎮為个案』巴蜀書社出版社。

喇徳（2009）『青海回族史』民族出版社。

李星星他（2008）『長江上游四川横断山区生態移民研究』（北京）民族出版社。

李宗华（1982）『安多蔵族史略』青海民族出版社。

牛治富（2003）『西蔵科学技術史』西蔵人民出版社、広東科技出版社。

青海省編輯部（1985）『青海省蔵族蒙古族社会社会史調査』青海人民出版社。

青海省情委員会（編）（1986）『青海省情』青海人民出版社。

青海省三江源事務所（2014）「青海省人民政府弁公庁関于調整青海三江源生態保護和建設領導小組弁公室与各工作組成員及明確工作職責的通知」『青海政報』2014 年 18 期。

青海省統計局（2011）『青海省 2010 年第六次人口普査主要数据公報』青海省統計局。

青海畜牧業経済発展史編写組（1983）『青海畜牧業経済発展史』青海人民出版社。

青政弁（2009）「青海省人民政府弁公庁転発省農牧庁関于 2009 年全省蔵区游牧民定居工程実施意見的通知」省農牧庁。

三江源自然保護区生態環境編輯委員会（編）（2010）『三江源自然保護区生態環境』青海人民出版社。

石泰安（R. A. Stein）（2012）『西蔵的文明』中国蔵学出版社。

邢海寧（1994）『果洛蔵族社会』中国蔵学出版社。

楊継瑞（2008）『民族地区与建設和諧社会的理論与実践探索――以阿壩蔵族自治州為例』四川大学出版社。

杨作山（1990）「清末民初青海的毛皮业贸易」『西北第二民族学院学报（哲学社会科学版）』第4期、総第5期、19-24頁。

苑鹏（2013）「中国特色的农民合作社制度的变异现象研究」『中国农村观察』2013年第3期、40-46页。

泽库县志编纂委员会（2005）『泽库县志』中国县镇年鉴出版社。

张贺全（2012）『青海省三江源生态保护和建设工程规格研究』青海人民出版社。

中国畜牧业年鉴编辑部（2002）『中国畜牧业年鉴 2001』中国农业出版社。

祝启源（1988）『唃厮啰——宋代藏族政権』青海人民出版社。

チベット語

brag dgon pa dkon mchog bstan pa rab rgyas（1982） *mdo smad chos 'byung*, kan su'u mi rigs dpe skrun khang.

byang 'brog shes rig dpe tshogs（2014） *dmangs srol 'tsho pa'i nying khu*, mtsho sngon mi rigs dpe skrun khang.

dge 'dun chos 'phel（1998） *deb ther dkar po*, mtsho sngon mi rigs dpe skrun khang.

dpa'bo gtsug lag pheng ba（2006） *chos 'byung mkhas pa'i dga'ston*, mi rigs dpe skrun khang gis par du bskrun.

dung dkar blo bzang 'phrin las（2002） *dung dkar tshig mdzod chen mo*, krung go'i bod rig pa dpe skrun khang.

gling rgya bla ma tshe ring（2002） *reb gong gser mo ljongs kyi chos srid byung ba brjod pa 'dod 'byung gter gyi bum bzang*, zhang kang gyi ling dpe skrun kang.

gu ru tshe ring & skal bstan tshe ring（2010） *dme shul tsho ba'i lo rgyus*, kan su'u mi rigs dpe skrun khang.

'jigs med bsam 'grub（2013） *reb gong lo rgyus chen mo*, mi rigs dpe skrun khang.

'jigs med theg mchog（1988） *rong bo dgon pa'i gdan rabs*, mtsho sngon mi rigs dpe skrun khang.

mkhar rme'u bsam gtan (2007) *mda' dang 'phang*, krung go'i bod rig pa dpe skrun khang.

Namkhai Norbu (nam mkha'i nor bu) (1983) *A Journey into the culture of Tibetan Nomads*, Shang-shung edizioni (Tibetan version).

rgyal mo 'bruk pa (2004) *bod gyi lo rgyus gleng ba'i gtam*, mi rigs dpe skrun khang.

rma lho tshan rtsal cu'u rma lho mang tshogs sgyu rtsal khang (2009) *reb gong rig gnas sgyu rtsal zhib 'jug*, kan su'u mi rigs dpe skrun khang.

sha bu paDma rgyal (1996) reb gong mi dmangs kyi ched du rang srog blos btang ba'i rong bo nang so dkon mchog skyabs nam yang mi 'jig pa, manuscript, 57 pages.

sog ru karma kun khyab (2014) *'brog las dkar chu'i bstan bcos*, mtsho sngon mi rigs dpe skrun khang.

欧 文

Ekvall, Robert B. (1952) *Tibetan Sky Lines*, Farmar Straus and Young.

———— (1964) "Peace and War among the Tibetan Nomads," In *American Anthropologist*, 66 (5), pp. 1119–1148, New Series.

———— (1968) *Fields on the hoof: nexus of Tibet an nomadic pastoralism*, New York: Waveland Press.

Goldstein, Melvyn C. & Cynthia M. Beall (1990) *Nomads of Western Tibet: The Survival of a Way of Life*, University of California Press.

Manderscheid, Angela (2002) "Revival of a Nomadic Lifestyle: A Survival Strategy for Dzam thang's Pastorarists," In Toni Huber ed., *Amdo Tibetans in Transition*, pp. 271–289, Brill.

Miller, Daniel J. (2007) *The World of Tibetan Nomads*,

unpublished manuscript, 19 pages.

Phillips, R. W., I. A. Tolstoy & R. G. Johnson (1946) "Yaks and Yak-cattle Hybrids in Asia," *Journal of Heredity*, 37, pp. 163–170.

Pirie, Fernanda (2005) "Segmentation Within the State: The Reconfiguration of Tibetan Tribes in China's Reform Period," In *Nomadic Peoples*, 9 (1/2), Special Issue: Pastoralists in Post-socialist Asia, pp. 83–102.

Ptackova, Jarmila (2013) *The Great Opening of the West Development Strategy and its Impact on the Life and Livelihood of Tibetan Pastoralists: Sedentarisation of Tibetan Pastoralists in Zeku County as a Result of Implementation of Socioeconomic and Environmental Development Projects in Qinghai Province, P. R. China*, Doctoral thesis.

Rinzin, Thargyal (2007) *Nomads in Eastern Tibet: Social Organization and Economy of a Pastoral Estate in the Kingdom of Dege*, Brill.

Sulek, Emilia Roza (2012) ""Everybody Likes Houses. Even Birds are Coming !" : Housing Tibetan Pastoralists in Golok," In Hermann Kreutzmann ed., *Pastoral Practices in High Asia,* pp. 235–255, Springer.

あとがき

　本書は、2016年度滋賀県立大学大学院人間文化学研究科地域文化学専攻博士後期課程に提出した博士論文「青海チベットにおける牧畜社会の変容に関する文化人類学的研究—中国青海省黄南チベット族自治州を中心として—」に必要な加筆・修正を加え、単行本として出版するに至ったものである。

　著者は2011年から2016年までの5年間にわたって中国青海省の黄南チベット族が居住する地域に入り、フィールドワークを継続的に行ってきた。具体的な調査地と調査時期については第1章に詳述したので、そちらを参照されたい。

　チベット高原には、多くの部族に分かれてチベット人が居住し、混合農業や牧畜を生業として暮らしている。本書が対象とする青海省では、牧畜業のみに従事する人々の数はだんだんと減っているが、混合農業で多頭飼育される牛・羊のほか、馬・ヤギ・ヤクが必要に応じて放牧され、これらの乳や肉、皮、さらには畜糞などを利用する生活様式がひろく行われている。著者自身もこうした「牧畜文化」と言うべき環境の中で育ち、その歴史的な変化と現在の状況を研究者として追究したいと思うようになったのが、現地を対象とするフィールドワークに基づく研究を志すようになったきっかけである。

　なお、本書の中で以下の部分は著者の既発表論文に基づいているので、初出を示しておく。
- 第4章　生態移民、定住化プロジェクトによる変容
　「草原を追われる遊牧民——中国青海省黄南チベット族自治州における生態移民、定住化プロジェクトについて」棚瀬慈郎・島村一平編著『草原と鉱石——モンゴル・チベ

ットにおける資源開発と環境問題』260–274頁、明石書店、
2015年。

- 第5章　物質文化の変容
「チベットの牧畜社会におけるヤクの糞の名称とその利用
について」『チベット文化研究会報』第40巻第3号、1–6頁、
2016年。

- 第6章　宗教儀礼とその変容
「アムドチベット牧畜社会における家畜に対する宗教儀礼
とその変容」『チベット文化研究会報』第41巻第1号、17
–21頁。

　本書の基となった論文の執筆に当たって、指導教官である棚
瀬慈郎先生には、様々な参考文献をご教示いただいたほか、懇
切丁寧なご指導を賜り、篤くお礼を申し上げます。副指導教官
の濱崎一志先生、並びにブレンサイン先生と島村一平先生から
も貴重なアドバイスをいただきました。ここに深謝いたします。

　別所裕介先生には、日本語の用法や表現に関して貴重なご助
言をいただくことができました。記して感謝の意を表します。

　また、本研究のためのデータ収集の際には、フィールドであ
るメシュルの方々から多大なご支援とご協力をいただきました。
特に、三江源移民新村の村長であるタクラブム氏と、Ｓ村の牧
民であるリンチェンジャ氏をはじめとする方々からは多くのこ
とにわたってご協力を得ることができました。これらの方々に
も心から深くお礼申し上げたいと存じます。

　本書の試みがどの程度成功しているかは読者諸賢の判断に待
つしかないが、著者としては、これらの多くの方々のご厚意・
ご協力に応えるためにも、今後なお一層精進してフィールドワ
ークとその成果の結実に努力していきたいと思っている。

2018年盛夏　　著　者

索 引

タ

プロフィール

南太加 རྣམ་ཐར་རྒྱལ། （ナムタルジャ）

1986 年中国青海省黄南チベット族自治州生まれ。
2010 年青海民族大学・外国語学院日本語学科卒業。2010 年 4 月、滋賀県立大学大学院人間文化学研究科へ入学。2017 年 3 月同研究科を修了。博士（学術）。
現在は、青海民族大学・民族学社会学学院において専任講師として教鞭をとる。東京外国語大学アジア・アフリカ言語文化研究所共同研究員を兼任する。
主な研究領域はチベット高原の牧畜文化に関する文化人類学研究。

変わりゆく青海チベット牧畜社会
——草原のフィールドワークから
　　　　　青海民族大学民族学一流学科建設文庫

2018 年 10 月 15 日　　初版第 1 刷発行

著　　　者　南太加 རྣམ་ཐར་རྒྱལ།

編集協力　別所裕介

発行所　　株式会社はる書房
　　　　　〒 101-0051　東京都千代田区神田神保町 1-44 駿河台ビル
　　　　　Tel. 03-3293-8549/Fax. 03-3293-8558
　　　　　http://www.harushobo.jp/
　　　　　郵便振替　00110-6-33327

組　　　版　有限会社シナプス（三宅秀典）

挿　　　画　蔵西

印刷・製本　株式会社エーヴィスシステムズ